Carina Johanson

VERLORENE SPUREN, GEFUNDENE TRÄUME

Über die sanfte Macht des Heimwehs

Ein Märchen für Erwachsene

SHEEMA

CARINA JOHANSON

VERLORENE SPUREN, GEFUNDENE TRÄUME

ÜBER DIE SANFTE MACHT DES HEIMWEHS

Ein Märchen für Erwachsene

SHEEMA

Bibliografische Information der Deutschen Bibliothek
Die Deutsche Bibliothek verzeichnet diese Publikation in der Deutschen Nationalbibliothek; detaillierte Daten sind im Internet über http://dnb.de abrufbar.

1. Auflage 2023
Originalausgabe

Inh.: Cornelia Linder, Hirnsbergerstr. 52, D – 83093 Antwort
Tel.: +49 (0)8053 – 7992952, E-Mail: info@sheema.de
https://www.sheema-verlag.de

ISBN 978-3-948177-21-8

Umschlaggestaltung: Marion Wotruba; Schmucker-digital
Grafik & Kunst: © 2023 Marion Wotruba – www.marionwotruba.design
Foto der Autorin: © 2023 Ayse Akdamar
Lektorat: Sabine E. Rasch, textkontor-bremen.de
Druck und Bindung: FINIDR, s.r.o., Český Těšín

FSC
www.fsc.org
MIX
Papier | Fördert gute Waldnutzung
FSC® C014138

Für die Phönixe unter uns.

INHALTSVERZEICHNIS

1

MANCHMAL FÄNGT ALLES AN – WENN ES AUFHÖRT

Es war einmal ...

... ein Kolibri-Weibchen namens Kobi. Sie schwirrte und zirpte durch die Himmel dieser Welt. Angezogen von verheißungsvollen Blüten und Düften tanzten ihre Flügel in den Lüften. Was war es doch für ein Rausch, Hunderte von Blumen und Bouquets zu entdecken: das Leben roch nach Möglichkeit! Welch ein Zauber, aus den Höhen der Lüfte die Weite der Landschaft zu erblicken, von den Böen der Winde unter den Schwingen getragen zu sein: Kobi liebte es, dem wehenden Rauschen der Geschwindigkeit, der hauchenden Musik ihrer Flügelschläge zu lauschen.

Kaum war Kobi bei einer Blüte angekommen, zog es sie zur nächsten. Schnell steckte sie ihren Schnabel in den Blütenkelch und schlürfte den süßen Trank. Und schon peilte sie ihr nächstes Ziel an. Sie konzentrierte sich, hielt die Luft an – aber nur um Anlauf zu nehmen und den Sturzflug zu genießen. Eins ... zwei ... drei ... ging es in die Tiefe! Während Kobi Blüten bestaunte, bewegte sie ihre Flügel in einem so schnellen Stakkato, dass ihr Flug wie ein Stillstand aussah. Aber nicht nur das: Sie flog Pirouetten, vorwärts, rückwärts, kleine Saltos, auf und ab.

Kobi war eine Magierin der Flugkünste, und ihr Anblick glich einer Malerei des Himmels. An manchen Tagen war sie so flink, dass man glaubte, einen Kometenschweif oder eine Sternschnuppe erhascht zu haben. Aber es war dieser pfeilschnelle Funke: Kobi.

Kobi genoss es, im Gewirr ihres Schwarms zu leben. Hier hatte sie ihren Platz, ihr Nest, nah bei den anderen und im tieferen Sinne in der Welt. Sie alle flogen voller Begeisterung, liebten ihr atemberaubendes Tempo. Wäre die Vogelschar ein Musikstück, müsste es in Presto – ach was, in Prestissimo! – gespielt werden. Der ganze Schwarm war eine Sinfonie der Schnelligkeit, und Kobis Leben ein wilder und farbenprächtiger Tanz darin.

So bunt wie ihre Federn, so schillernd war ihr Leben.

Ein Leben am Limit.

Für Kobi war schnell niemals schnell genug. *Blitz*schnell wollte sie sein, nicht achtzig Flügelschläge in einer Sekunde flattern, nein, zweihundertzwanzig sollten es sein! Und während die anderen Kolibris Hunderte von Blüten kosteten, probierte Kobi Tausende von Geschmäckern aus. So überbot sie sich selbst immer wieder aufs Neue.

Die Kürze des Tages, die Kürze des Lebens forderten sie mit Karacho auf.

Nur: Je schneller Kobi flog, desto weiter entfernte sie sich von sich selbst.

Kobi gehörte zur Familie der Sternelfen, die sich jeden Tag mit Hingabe um die Blüten in den Wäldern kümmerten und so dem Leben dienten. Gleichzeitig waren sie winzige Jäger. Insekten, die ahnungslos durch die Luft glitten, schnappten sie sich im Vorbeiflug. Sie waren friedliebend, aber wurden sie von Vögeln angegriffen, die um

Dimensionen größer waren, setzten sie todesmutig ihre schwertähnlichen Schnäbel ein – voller Entschlossenheit, in den Duellen der Lüfte ihr Vogeldorf zu verteidigen.

Sternelfen konnten lieben und dienen und dennoch kämpfen.

An den Abenden, wenn die Blaue Stunde den Himmel färbte, gesellten sich die Sternelfen auf dem Dorfplatz zueinander, und ihr Gesang erfüllte die Luft. Noch bevor sie in die Nachtruhe übergingen, verabschiedeten sie sich mit einem Ritual voneinander: Jenen unter ihnen, die an diesem Tage unbekannte Gebiete erobert, große Entfernungen zurückgelegt oder andere Errungenschaften erlangt hatten, zollten sie Respekt.

Dieser Brauch führte zu einer unterschwelligen Atmosphäre im Schwarm, in der Wertschätzung nur in Verbindung mit besonderen Verdiensten ausgesprochen wurde. Kobi war jedes Mal erleichtert, wenn ihr Name fiel. Sie wollte zu ihrem Schwarm dazugehören und ein Kolibri sein, auf den viele stolz sein konnten. Vor allem für diejenigen, die sie sehr mochte, versuchte sie, alles ausgesprochen gut zu machen und niemanden zu enttäuschen. Sie leistete viel für diesen Hauch von Anerkennung und Zugehörigkeit, glaubend, sich Liebe verdienen zu müssen. Selbst in kühlen Nächten nährte sie dieser Zuspruch der anderen, wie ein warmes Essen, das den Hunger stillt.

Wenn Kobi längere Zeit unerwähnt blieb, zeigte auch dies Wirkung. Zwar freute sie sich über das Lob für andere Vögel von ganzem Herzen mit, aber sie schämte sich leise: »Bin ich nicht gut genug? Habe ich mich vielleicht nicht genügend angestrengt?«

Dabei bemühte sie sich doch so sehr! Das Gefühl, den Erwartungen zu entsprechen, immer besser werden zu müssen, drückte schwer auf ihr Herz und wurde allmählich zu einem Rucksack, den Kobi Tag für Tag auf ihrem kleinen Rücken trug. Er war viel zu schwer für ein zartes Wesen wie sie.

Aber das Getümmel des Schwarms lenkte sie ab. Und jeder neue Tag verhieß neue Entdeckungen in dieser Welt, die kaum Zeit ließ, in Stille zu sein.

Innerhalb des Schwarms herrschte eine Art »geheimer Vertrag«, den allerdings nie ein Vogel zu sehen bekam.

Dieser Vertrag war von jemandem aufgesetzt worden, der aus einer unsichtbaren Sphäre stammte, aus der *Zeit*. Und genau das war er: Ein *Zeit*geist.

Der *Zeit*geist war flüchtig wie ein Gedanke, stumm wie ein schalltoter Raum, unbemerkt wie ein Schatten in tiefdunkler Nacht. Er hatte keinen Geruch und keine Form und doch war er da. Er war unheimlich, ein mächtiger Wanderer aus Welten von Vergangenheiten und Zukünften, der aber niemals in der Gegenwart ruhte. Und er hatte Angst. Wovor, das wusste der *Zeit*geist nicht einmal selbst.

Es war sein unnachgiebiger Befehl, der allen Kolibris dieses Tempo auferlegte. Auch wenn er sich im Verborgenen aufhielt, war er überall präsent. Obwohl er keine Stimme hatte, hörten alle auf ihn. Niemand stellte ihn infrage, und jeder funktionierte nach seinen Regeln, die unsichtbar wie Luft und beherrschend wie ein Hurrikan waren. Kein Kolibri kannte den Vertrag und die Regeln, die ihnen der *Zeit*geist auferlegt hatte, und auch Kobi beerdigte jedes Aufkommen von Fragen und flog und flog und flog, wie es alle Kolibris taten.

So verlässlich wie die Morgensonne die Dunkelheit in zunehmendes Licht tränkte, so flackerte in Kobi aber immer wieder eine innere Stimme aus ihrem Herzen auf. Diese sprach gedämpft und war scheu wie ein verängstigtes Tier. Kobi versuchte einiges, um sie zu überhören. Eines Nachts – Kobi konnte wie so oft nicht schlafen – schaute sie aus ihrem Nest in den Himmel. Der Lichtschein des Mondes erhellte die Welt und war wie ein Versprechen von Freiheit. Da sprach die Stimme deutlicher:

»Ist es das? Bis ans Ende aller Tage als Sklave des *Zeit*geistes zu leben? Ein kostbares Leben im Gefängnis seines Schattens zu verbringen? Dein Leben ist mehr als die Summe deiner Aufgaben. Das Königreich deiner Träume wartet auf dich! Was du ahnst und ersehnst, sehnt sich auch nach dir!«

Ein Schauder durchzog Kobi, ihr Gefieder erzitterte.

Sie verstand zwar nichts von den unsichtbaren Mächten des *Zeit*geistes, ihr Herz aber wusste, dass sie etwas in Gefangenschaft hielt, das tief in ihrem Innersten lebte.

Sie wagte nicht, von der Freiheit zu träumen, denn ihr Instinkt riet ihr, schlafen zu gehen. Es kostete Kobi jede Menge Kraft, den Gesang ihres Herzens wegzudrücken, doch sie schaffte es auch in dieser Nacht und kuschelte sich wieder tief in ihr Nest. Schließlich schlief sie ein.

Aber was wir in der Nacht empfangen, in der Stille unserer Träume – und das gilt besonders für Sternelfen – verfügt über eine sanfte Macht. Wie zarte Finger warten die Stimmen des Herzens auf den richtigen Zeitpunkt, um wieder anzuklopfen.

Vorerst flatterte Kobi weiter durchs Leben. In den vom *Zeit*geist lautlos diktierten Gesetzen der Geschwindigkeit und im Meer verlockender Reize eines bunten Kolibri-Daseins verschloss Kobi unmerklich das Tor zu ihrer Sehnsucht: ihrem Wunsch nach Ruhe und Langsamkeit, in dem das Königreich ihrer Träume auf sie wartete.

Ein Abend aber sollte alles verändern. Kobi war in den Weiten des Nebelwaldes unterwegs, fernab des Dorfes. Der Wind frischte auf und wer ihm genau zuhörte, vernahm in seinem Rauschen eine Warnung:

»Wenn du deinem Ruf nicht folgst, holt dich sein Echo ein.«

Kobi schüttelte ihre Federn, als höre sie nicht recht, und entschloss sich, die letzten Blüten des Tages aufzusuchen. Sie dachte über die Worte des Windes nach, verstand sie aber nicht. Wolken bedeckten zusehends das Gesicht des Himmels und malten bereits eine zornige Grimasse in das Gestirn.

Die Luft war bedrohlich warm und aufgeladen. Ein Sturm war im Anmarsch.

Die meisten Kolibris hielten sich in der Nähe des Dorfes auf und kamen sicher in ihrem Zuhause an, bevor das Unwetter über die Welt hereinbrach. Nur wenige flogen noch umher, als die ersten Böen Anlauf nahmen, und sie hatten Mühe, gegen den harten Wind anzukommen. Aber auch sie schafften es rechtzeitig, ihr Nest zu erreichen.

Nicht so Kobi.

Kobis Schwingen waren durch ihr ständiges Tun, das kaum Rast und Halt kannte, nicht mehr in der Lage, den machtvollen Lüften standzuhalten. Zu sehr und zu lange hatte sie sich zuvor verausgabt.

Jetzt kämpfte sie verzweifelt gegen den Wind, der sie mühelos durch die Luft schleuderte. Wie eine Rebellin fand sie ein ums andere Mal in ihre Flugbahn zurück, kniff die Augen zu, riss sich mit aller Kraft zusammen und wusste, dass dies ein Duell auf Leben und Tod war.

Kobi war bis ins Mark erschrocken. Damit hatte sie nicht gerechnet, nie im Leben! Ihre Flügel waren schwach geworden. Und genau in diesem Moment, in dem sie alle Energie brauchte, um nach Hause zu kommen, erlosch das letzte Fünkchen Kraft in ihr. Wie der Wind eine schwache Flamme unbarmherzig auspustete, so starb in diesem Sturm etwas in Kobi.

Sie stürzte ab. Von den rauen Lüften des Lebens getroffen, schlug sie auf der Erde auf. Unsägliche Schmerzen schossen durch ihren Körper. Keine Feder konnte sie mehr regen, nichts ging mehr. In der Sekunde des Aufpralls erstarrte ihr Leben.

Der Sturm legte sich, doch Kobi rührte sich nicht.

Sie wollte losfliegen, auf und davon, aber das Leben erlaubte es ihr nicht. »Was ist nur los? Bin ich etwa tot?«, fragte sich der Kolibri leise. Schwere legte sich fesselnd um ihren Körper. Kobis Füße bluteten, ihre Flügel waren angebrochen und wie gelähmt. Ohnmächtig hingen sie an Kobis Körper. »Ich kann nicht mehr«, weinte sie still. Die Kraftlosigkeit war das Schlimmste, was Kobi empfand, weit unerträglicher noch als ihre Schmerzen. Sie wollte, aber sie konnte sich nicht bewegen. Und schließlich schlief sogar die Kraft des Wollens in ihr ein.

Verloren in der Welt lag sie da.

2
ZEITLOSE ZEIT

Der Morgennebel verschwand wie ein Geheimnis, während die ersten Sonnenstrahlen durch den aufbrechenden Himmel schimmerten.

Kalea erwachte, nur ein raunendes Gähnen war zu hören. Die Schildkröte lag versteckt unter einem Baum in ihrer Bucht, im Sand eingebettet, vom Panzer umhüllt.

Von außen betrachtet sah es aus, als würde ein riesiger Edelstein aus der Erde ragen. Es war Kaleas Schild, und es glänzte in der Farbe von reinem Ebenholz: dunkel und von Tausenden silberner Linien beschrieben, uralten Baumringen gleich, als hätte eine unsichtbare Hand eine Kalligrafie darauf gezeichnet.

Ihr Panzer war ein Wunderwerk. Er bestand aus dreizehn kleinen Schilden, angeordnet in vollendeter Harmonie. Jeweils in der Mitte lagen »Fenster« eingebettet, lebendigen Kristallen gleich, aus einer Reinheit wie gefrorenes Licht. Mysteriös, ja beinahe übernatürlich. Von innen war der Panzer gewölbt wie der Himmel, als wolle er andeuten, welch unendliche Weite in Kaleas Seele lebte. Mit ihrer Bauchseite berührte sie den Boden und konnte wie durch eine Muschel bis tief in das Wesen der Erde hineinlauschen, bis zum Herzschlag des Erdinneren.

Ihr Panzer mochte fest, geradezu verschlossen wirken, und doch lebte unter dieser geheimnisumwitterten Oberfläche eine Schildkröte, die freier war als jedes andere Lebewesen. Wer weiß: Vielleicht schenkte das Leben Schildkröten jenen Umhang, um ihrem inneren Zartgefühl den höchsten Schutz zu gewähren.

Kalea liebte Rituale. So begann sie jeden Tag mit einer Gewohnheit, von der sie sich von nichts und niemandem abhalten ließ. Die innere Ausrichtung gehörte zu ihren Prioritäten.

»Ein Morgen stellt die Weichen für den Tag«, dachte sie, bevor sie sich ihrem Ritual zuwandte. Vor ihrem geistigen Auge rollte sie einen roten Teppich aus, wie es für Königinnen und Könige üblich war, hinein in ihre innere Welt.

»Welche Empfindungen sind gerade in meinem Körper?«, flüsterte sie sich zu und tastete sich mit inwendigen Augen von oben bis unten ab. Ihr Leib vertraute ihr vollkommen. Denn seine Erfahrung war: Jede Regung, ob angenehm oder schmerzhaft, würde von ihr Achtung und Fürsorge erhalten.

»Welche Gedanken durchziehen meinen Geist?«, fragte sich Kalea und ging auch dieser Spur nach. Beobachtend, wie man dem Wolkenspiel am Himmel zusah, schauend und ohne Bewertung.

»Welche Gefühle sind jetzt in mir zu Besuch?«, sinnierte sie über ihre dritte Frage. Kalea war ein gastfreundliches Wesen und begrüßte jede Stimmung, ohne einen Unterschied zu machen, ob sie sich gut, traurig oder wie auch immer anfühlte. Ihre Einladung galt ausnahmslos.

»Kann ich alles so lassen, wie es gerade ist?« Sie folgte der vierten Frage und nickte sich schließlich ein Ja zu, das nichts verändern wollte, sondern in Akzeptanz ruhte.

Kalea genoss den Frieden, den die Stille den Fragenden schenkte.

Zum Schluss fasste sie gewöhnlich eine Absicht. Sie wusste, es würde sich daraus eine magische Wegweisung entfalten. Für heute sagte sie zu sich: »Möge ich ein Geschenk sein für jemand anderen auf dieser Welt.«

Kurz darauf räkelte sich Kalea aus ihrem Zuhause. Sie strahlte der Sonne entgegen und hatte eine Idee: Hinter der Bucht, etwas abgelegen, wuchsen wohlschmeckende Kräuter. Diesen Garten würde sie heute besuchen. Sie freute sich schon auf jeden einzelnen Bissen und den Saft aus den Blättern. Voller Vorfreude schlenderte sie los.

Links und rechts des Weges lauerten Versuchungen in der Gestalt wehender Gräser, aber Kalea lächelte ihnen lediglich zu: »Das Leben ist kurz und meine Zeit kostbar«, nickte sie ihnen entgegen und pilgerte Schritt um Schritt voran, ihr Ziel fest vor Augen.

Mittwegs auf ihrer Reise schreckte sie auf, denn sie sah in einiger Entfernung ein Geschöpf am Boden liegen. Es bewegte sich nicht! Was war da los? Sie näherte sich vorsichtig und entdeckte dann den verwundeten Vogel.

Vorsichtig tastete sie sich an Kobi heran. Sie spürte, dass das Herz des Kolibris zwar flüsternd, aber voller Leben pochte. Erleichtert holte Kalea tief Luft und schaute die Sternelfe eine Weile an. Kobi lag noch immer regungslos an dem Platz, an dem sie aufgeschlagen war. Aber für Kalea war dies kein beängstigender Anblick. Denn sie glaubte an die Sonnenaufgänge des Daseins. Sie sah nicht nur den

Kolibri in Kobi, sie sah mehr: einen Phönix, der verloren geglaubtes Leben verwandeln konnte!

Kobi spürte, dass sie beobachtet wurde. Mit Mühe hob sie ihre Lider und blickte zu Kalea auf. Erstaunen durchströmte sie. Wäre Kobi nicht so erschöpft gewesen, hätte sie ein Lächeln beim Anblick der Schildkröte erfüllt, denn Kaleas Augen waren glänzende Monde – durchtränkt von Güte und Mitgefühl. Und da war noch etwas in ihnen: ein mystisches Wissen Äonen gelebter Leben. Noch nie hatte Kobi in solche Augen geschaut, sie badete buchstäblich in diesem Blick. Wie von allein aber fielen ihre Lider wieder zu. Selbst diese kleine Kraftanstrengung war im Moment zu viel für sie.

Stunden vergingen, bis Kalea etwas sagte. Die Schildkröte war eine Meisterin des Gesprächs. Nicht weil sie oft sprach, im Gegenteil. Sie konnte zuhören, mit Geduld und Verständnis, den Worten lauschen, den Zwischentönen und selbst das Unausgesprochene vermochte sie zu verstehen.

Sie stellte nur eine einzige Frage: »Was brauchst du gerade am meisten?«

Kobi horchte verwundert auf. Die Frage öffnete eine Schleuse in ihr wie zu einer anderen Welt. Noch war es ein winziger Spalt. »Was brauche ich jetzt am meisten?«, hörte sie sich innerlich nachsprechen. Wie ein Blatt im Wind, das keinen Boden findet, taumelte ihr die Frage durch den Kopf.

Doch die Lücke öffnete sich weiter, als wären ehrliche Fragen Schlüssel, um eine untergegangene Welt zu erschließen.

Das ängstigte Kobi. Denn einmal geöffnet, ging das Portal weiter auf. Sie blinzelte, als traute sie ihren Augen nicht. Man konnte ihr beim Denken zuhören: »Was ist das für eine Richtung? Ich schaue nach innen? Die Augen sind doch das Fenster, um nach draußen zu blicken, die Landschaft, die Blüten zu sehen und Gefahren zu beobachten.«

Kalea sah, wie ungewohnt diese Erfahrung für Kobi war und beruhigte sie durch ihre pure Präsenz, die eine größere Kraft als Worte hatte.

Und tatsächlich: Kobi spürte instinktiv, dass sie in Sicherheit war. Etwas entschied sich in ihr dazu, nicht wegzuwollen von diesem Ort, dieser Schildkröte, dieser Situation. Kobi hatte zwar auch keine andere Wahl, ja, aber manchmal wissen wir, dass wir eine Fährte aufgenommen haben, von der es kein Zurück mehr gibt und dass das Leben Kurs auf Neues nimmt.

Kalea saß währenddessen nur da, ohne die leiseste Erwartung, dass Kobi etwas sagen, tun oder dass überhaupt irgendetwas geschehen würde. Kalea saß nur da und machte die Zeit zeitlos.

»Was brauche ich?« Da war der Gedanke wieder! Solche Fragen kannte Kobi nicht und eine Antwort darauf noch viel weniger. Gleichzeitig entstand eine Stimmung in ihr, die sich entschlossen an die Oberfläche kämpfte und sich Bahn brach.

»Vielleicht brauche ich genau das … hier am Boden zu liegen«, hauchte Kobi.

Sie stöhnte auf. »Ich möchte ruhen, nichts mehr tun müssen. Was ich brauche?

Das Nichts! Alles andere wäre zu viel.«

Kobi erschrak selbst über ihre Antwort, spürte aber, dass dies ihre Wahrheit war.

Diese Erkenntnis brauchte ihre Zeit, öffnete sich langsam wie eine Blüte.

Erst nach einer gefühlten Ewigkeit fuhr Kobi zögernd fort: »Schon länger vor dem Absturz habe ich gemerkt, dass mich meine Kraft verlässt. Aber ich habe jede Stimme ignoriert, weil ich weder im Schwarm noch vor mir selbst auffallen wollte. Mit jedem Tag bin ich schneller geflogen und habe mich dabei immer weiter von mir entfernt.« Sie hielt inne. »Ich war fleißig, mehr als das, bis ich nicht mehr wusste, wie das geht: zur Ruhe zu kommen. Ich habe diesen Ort vergessen … vielleicht nie kennengelernt. Ruhe. Zu mir kommen. Wo ist das überhaupt?«

Kobi schwieg selbstvergessen. Sogar das Denken strengte sie in ihrem Zustand an, und als sie die Augen schloss, sank sie in einen tiefen Schlaf.

Träume kamen zu ihr, wie Gesandte. Darin wurde sie zur Zeugin ihrer Vergangenheit. Zahllose Erinnerungen erwachten, und Kobi erkannte, dass die Gesetze des Schwarms von Geschwindigkeit und Geschäftigkeit ihr

Leben bestimmten – und einen hohen Preis forderten: den, ihr wahres Wesen zu verstecken.

Da gab es diese geheimen Momente, in denen Kobi ihren Flug einfach nur genoss, ohne Ziel vor sich hinsegelte. Aber dabei kam sie sich wie eine Diebin vor, die niemandem etwas wegnahm und doch etwas Grundlegendes verbrach; als müsse man Zeit immer füllen und dürfe ihr keine Leere erlauben.

Kobi war ein Kolibri, der von Herzen gerne flog, aber genauso die Sehnsucht nach Ruhe in sich trug. Das hielt sie jedoch geheim. Denn hätte sie es zugegeben, hätten die Vögel ihres Schwarms sie als faul bezeichnet und vielleicht sogar aus der Gemeinschaft ausgestoßen. So war es sicherer für Kobi zu vergessen, dass sie ein Geheimnis in sich trug.

Geheimnisse, die wir wegsperren, nicht atmen lassen, ersticken: Eines Tages werden sie für uns selbst geheim und verschwinden in den Tiefen unserer Seele.

Kobi hatte es sich zu eigen gemacht, zu einem Kolibri zu werden, der so war, wie man sein musste, um dazuzugehören. Sie hatte es von den anderen Vögeln gelernt und vom unsichtbaren *Zeit*geist – und in einem tieferen Sinne vergessen, wer sie war.

Als Kobi erwachte, schaute sie in Kaleas Augen. Deren Blick ruhte freundlich auf ihr. Sie war froh, die Schildkröte bei sich zu wissen. Kalea hatte, während Kobi schlief, ein Nest aus Moos um sie gelegt und Blattwerk in der

Umgebung aufgelesen. Es waren Pflanzen, die Kobi noch nie gesehen hatte. In den eingerollten Blättern hatte sich der Tau des Morgens in kleinen Perlen gesammelt. Kobi brauchte sie nur mit dem Schnabel anzuzapfen, und süße Flüssigkeit rann aus dem Grün. Wie gut das tat! Und wie köstlich es schmeckte! Kobi gelang ein Lächeln.

So wie ein Fluss zum Meer fließt und gar nicht anders kann, so unaufhaltsam strömte Erkenntnis in Kobi, die sie Kalea nur allzu gern anvertraute: »Ich habe schon länger eine Ahnung verspürt. Aber sie war so leise, dass ich mich von ihr abgewandt habe. Doch sie tauchte immer wieder auf. Sie sprach im Licht des Mondes, im Rascheln der Blätter, und ich habe eine Stimme in meinem Herzen vernommen.

Sie alle deuteten auf etwas, wohin ich nicht schauen wollte und das mich traurig gemacht hat.« Kobi hielt inne, dann sprach sie es endlich aus:

»Es fühlt sich an wie ... wie Heimweh.«

Das also war es, was sie nicht zu fühlen wagte, das sie in die waghalsige Flucht vor der Stille in Schnelligkeit und Ablenkung trieb.

»Aber, aber ... das kann gar nicht sein. Ich lebe mitten in einem Schwarm! Einige meiner Schwestern und Brüder lieben und schätzen mich. Mein Nest erwartet mich jeden Tag und jeden Abend ... Es gibt keinen Grund, Heimweh zu haben. Wonach überhaupt?«

Und doch war es da, dieses Gefühl, wie »fremd« zu sein in der Welt, mit den anderen Vögeln und sogar mit sich selbst – auf unsägliche Weise weit weg von allen und allem.

Kalea atmete ruhig und langsam. »Ja«, dachte sie, »wir verlassen unser Zuhause, wenn wir anfangen, jemand zu werden, der wir nicht sind.« Sie seufzte: »Heimweh ... das Gefühl, wenn wir am Hang der Himmel stehen und unser Leben nach uns ruft.«

Die Zeit verging. Ein Tag folgte auf den anderen. Das Außen schien monoton zu sein. Das aber war eine Illusion. Denn jemandem wirklich zu begegnen, bedeutete, in das Unbekannte des anderen zu reisen, seine eingehüllte Landschaft zu erkunden, eine neue Welt zu entdecken, mitten in einem Abenteuer zu sein.

Das genau geschah den beiden. Sie lasen gegenseitig in ihren Erzählungen wie in einem Buch, neugierig bis zum letzten Buchstaben. Wie ein Gemälde nicht aus Strichen und eine Melodie nicht aus Tönen allein besteht, so waren auch die Gespräche der beiden so viel mehr als Worte. Ihre Begegnung hatte einen Zauber entfacht. Sie tauchten miteinander bis in die Tiefe der Seelengründe und ließen doch das Geheimnis des anderen unberührt, weil es heiliges Gebiet war.

Mit Hingabe versorgte Kalea den Kolibri. Jeden Tag brachte sie Blattwerk, Insekten oder Baumrinden mit, aus denen süßer Saft rann. Auf dieselbe Weise kümmerte sich Kalea um sich selbst.

Immer öfter machte sie sich zu längeren Spaziergängen auf. Die Umgebung war ein sicherer Ort. So konnte sie Kobi beruhigt für einige Stunden allein lassen und sogar ihren Garten besuchen, in dem ihre Lieblingsgräser wuchsen.

Dort spazierte sie unter Blumen hindurch, ließ ihren Panzer von ihnen streicheln, sodass er nach ihrem Duft roch. Wieder andere Gewächse streiften ihn mit ätherischen Ölen und hinterließen einen schimmernden Glanz. Kalea naschte von den Köstlichkeiten des Gartens und vom Zauber des Augenblicks.

Bevor sie wieder aufbrach, sammelte sie heilende Kräuter für Kobi, die sich an ihnen labte und überrascht war, wie reich die Natur den Tisch deckte. Selbst in dieser schwierigen Zeit schaffte es Kalea, Kobi die Süße des Daseins näherzubringen.

Keine der beiden wusste, wie es weitergehen würde. Kalea stellte sich solche Fragen nicht. Sie tat das, was getan werden musste. Und ihr Herz war dabei mit Zuversicht erfüllt, einer Kraft, die das Leben nie unbeantwortet ließ.
Eines Morgens geschah das Unerwartete.
Ohne Vorankündigung.
Es kam einem Wunder gleich.
Kobis Flügel bewegten sich, wie von Zauberhand geführt. Der kleine Kolibri konnte es nicht glauben! Was war das für

ein Gefühl, diese Magie der Bewegung! Tränen der Überraschung füllten ihre Augen. »Kalea, Kalea, sieh nur!«, schoss es aus Kobi heraus.

»Schau her!«, schrie sie beinahe. Kalea blickte zu Kobi, lächelte, schien aber nicht überrascht zu sein. Die Zeit stand für Momente still. Pure Freude funkelte aus den Blicken der beiden.

Von nun an übte Kobi und bewegte ihre feinen Glieder behutsam. Jede Regung erforderte Geduld. Und genau diese Langsamkeit war wie Medizin für sie und ihren Körper.

Jeden Tag machte sie Fortschritte: kleine, aber stetige.

Eines Abends meinte Kalea: »Kobi, vielleicht ist jetzt der Zeitpunkt gekommen aufzubrechen. Komm mit mir! Erhol dich und werde wieder gesund, so gut es geht. Vielleicht wird es eine Reise in das Land deiner Sehnsucht werden, zu einem Ort, an dem Heimweh zu einem Heimweg werden kann. Vielleicht.«

Nach einer kurzen Pause fuhr sie fort: »Ich möchte dir eine Geschichte von meinen Großeltern erzählen. Sie haben vor einigen hundert Jahren beobachtet, wie Menschen eine Skulptur aus Lehm anbeteten. Eines Tages bekam diese Statue Risse. Und wenn die Sonne schien, fing sie von innen an, in unsagbarer Schönheit zu leuchten. Ein paar mutige Menschen sind in die Figur hineingeschlichen. Ihre Überraschung muss überbordend gewesen sein. Denn die Figur bestand aus reinem Gold! Das aber konnte man nur von innen erkennen. Und so, Kobi, leben auch wir manchmal ein Leben lang in einer Lehmschicht und vergessen, dass es ein Darunter gibt: das Gold unseres wahren Wesens, unser Zuhause.«

Kobi sagte kein Wort. Viel zu viel ging in ihr vor.

Es gibt Gedanken von einer Flüchtigkeit, die durch das Netz unseres Erkennens entwichen sind und doch über die größte Wahrheit verfügen.

Ein solcher Gedanke flammte in Kobi auf, er war zu schnell, als dass sie ihn hätte fassen können. Im Vorbeiwehen hauchte er ihr zu: »Es gibt keine Zufälle. Nur Verabredungen.« Und schon kehrte er dahin zurück, woher er gekommen war: in die Welt der ewigen Ideen.

Er hinterließ allerdings eine Erinnerungsspur, der Kobi unbewusst folgte. Als die Abendsonne allmählich unterging, antwortete sie schließlich: »Kalea, ich danke dir.« Dabei verneigte sich Kobi, weil sie um die Größe des Geschenks, dieser Einladung, wusste. »Ja, ich möchte mit dir gehen. Ich möchte Schatzsucherin werden und mein inneres Gold finden.«

Wie dies geschehen sollte, konnte sich Kobi nicht vorstellen. Sie sorgte sich gar darum, was wäre, wenn es bei ihr kein Gold gäbe.

Sie erzählte Kalea von ihren Zweifeln. Die antwortete: »Uns allen sind heilige, goldene Funken eingepflanzt und das Leben sucht Wege, damit wir uns an sie erinnern. Genau deshalb können Zeiten der Verzweiflung Augenblicke der Entdeckung sein.«

Sie machte eine Pause und lächelte Kobi zu: »Entdeckungen sind eine Entscheidung – die Entscheidung, das Unbekannte zu wählen. Dann trägt dich der Wind des Lebens zu ungeahnten Möglichkeiten. Ich werde dir einen Kompass zeigen, der diesen Wind erobert und dich nach Hause bringt, zu deinem Gold.«

3

ES GIBT KEIN DORT

Es war Monduntergang. Wie auf einer Brücke, auf der die Zeit floss, kippte die Nacht an einem rätselhaften Punkt in die Morgendämmerung über. Der Zauber des Erwachens lag in der Luft. Kobi und Kalea durchschritten das Tor vom Traum zum Tag.

Noch bevor sie sich regten, genossen beide schweigend Kaleas Morgenritual, das Kobi von der Schildkröte gelernt hatte. Behutsam öffneten sie danach ihre Ohren für die Geräusche, die sie aus der Umgebung erreichten. Sie lauschten dem Fließen eines Baches in ihrer Nähe und dem Hauch des Windes. Selbst der Klang von Stille berührte ihre Ohren. Dann öffneten sie ihre Augen, erblickten die Farben und Formen des Lebens, das Licht, das den Himmel tränkte. In freudiger Vorahnung lächelten sie einander an. Heute war der Tag des Aufbruchs in Kaleas Welt gekommen.

Kobi war aufgeregt. Sie setzte auf den Neuanfang und darauf, der Verheißung des Unbekannten zu vertrauen. Sie wollte an die Magie des Möglichen glauben, in das Gold des Daseins tauchen und sehnte seine Entdeckung herbei.

Und doch drängelten sich Sorgen in ihre Gedanken: Würde sie die Reise überstehen? Auch wenn sie sich gestärkt fühlte, waren ihre Verletzungen nicht völlig verheilt. Zu fliegen wie früher war ihr nicht möglich, und die Fähigkeit, zu laufen, war Kolibris nicht gegeben. Was war ihr geblieben?

Ihre Flügel schmerzten, vor allem dann, wenn sie zu viel von ihnen verlangte. Doch Kobi hatte die letzte Zeit genutzt und begonnen, ihre Möglichkeiten zu erforschen, die Sprache der Bewegung zu studieren und sogar Langsamkeit zu kultivieren. Dabei war etwas Überraschendes passiert: Ihre Flügel fanden auf ungewohnt ruhige Weise in die bekannten Bewegungsmuster zurück. Und das waren nicht irgendwelche Bewegungen: Der Flügeltanz einer Sternelfe glich dem Unendlichkeitszeichen – einer Form, die einer liegenden Acht ähnelte.

Und das, was aus der Unendlichkeit kam, konnte nie vergessen werden.

Die Choreographie ihrer Flügelschläge war Sternelfen eingeschrieben. Es schien, als erzählte ihre Bewegungsprosa von der tiefen Verbindung zu einer verborgenen Welt, in der nichts verloren ging.

Kobis Schwingen malten die Symbolik der Ewigkeit in die Luft. Leise sirrten ihre Flügel im Wind, und ihre Füße sorgten für zaghafte Sprünge. Aus dieser Komposition heraus bildete sich etwas Neues: eine Art schwebendes Gehen.

Kalea hatte Kobi während ihrer Übungen oft fasziniert beobachtet und nicht nur einmal gedacht: »Selbst in der Gebrochenheit ist Anmut möglich. Was doch geschieht, wenn der Himmel übernimmt!«

Der Moment war gekommen, und die beiden begaben sich auf den Weg.

Zunächst fühlte sich Kobi traurig. Es gelang ihr nicht, wie früher abzuheben und in die Lüfte emporzusteigen.

Aber bei aller Wehmut überwog alsbald etwas anderes: Dankbarkeit, am Leben zu sein. Dankbarkeit, über die Entdeckung der Langsamkeit. Dankbarkeit, in jeder kleinen Bewegung, die einst eine Selbstverständlichkeit gewesen war, nun ein Geschenk zu wissen.

Kalea sah Kobi den schmerzlichen Verlust ihrer Flugkunst deutlich an. Mit wissendem Blick würdigte sie das Leid des Kolibris. Kalea mischte allerdings eine weitere Zutat in diesen Moment: ein Lächeln, das verriet, dass sie der Charme und die Süße der Unbeholfenheit berührten und zugleich amüsierten. Mit ihrer Melange aus Mitgefühl und Leichtigkeit steckte sie Kobi schnell an. Beide lachten einander zu. Und mit jedem Schwebeschritt breitete sich mehr und mehr Zuversicht in der Sternelfe aus.

Da Kobi die Schildkröte das erste Mal auf einer längeren Wegstrecke erlebte, begriff sie nun, dass ihre Sorge, die Reise nicht bewältigen zu können, unbegründet gewesen war. Voller Erstaunen erkannte sie, dass Kalea ohne jedwede Einschränkung unendlich viel langsamer war als sie selbst. Kalea aber schien ihre Langsamkeit zu akzeptieren, geradezu in vollen Zügen zu genießen. Sie unternahm nicht die geringste Anstrengung, auch nur einen Hauch rascher zu laufen. Keinerlei Anspruch lag in der Luft, kein Bemühen. Im Gegenteil: In jedem einzelnen Schritt lag Akzeptanz; er würde dauern, solange er eben dauerte. In Gegenwärtigkeit verankert, achtete Kalea nur auf *diesen einen* Schritt. Es gab nicht einmal ein Vorausdenken des nächsten.

Kalea hatte ihr Leben der Langsamkeit gewidmet.

Als könne sie Gedanken lesen, sagte sie plötzlich: »Weißt du, Kobi, ich mag jeden Schritt. Es gibt Momente, da laufen mir meine Gedanken davon. Sie entführen mich an Orte, an denen ich nicht bin, gar nicht sein kann. Denn: Es gibt kein Dort.

Es mag vielleicht so aussehen, als würden uns Schritte nach vorne bringen, aber in Wirklichkeit bringen sie uns, achtsam gegangen, zurück. Jeder Schritt holt uns in diesen Augenblick und zum Ort des Hierseins – in unser Leben – zurück. Jeder Schritt kann Rückkehr ausdrücken.«

»Es gibt kein Dort«, murmelte Kobi ein ums andere Mal bei sich, »es gibt kein Dort.« Und durch diese Wiederholungen näherte sie sich der Bedeutung.

Mit einem Augenzwinkern, in dem heiliger Ernst lag, fügte Kalea hinzu:

»Eile ist ein Zeichen von Unfreiheit.« Sie holte tief Luft.

»In der Welt des Sichtbaren kann etwas schnell, vielleicht sogar rasant erscheinen. Und doch kann es Schlaf, mehr noch, eine Gefangenschaft sein. Wir sind Schlafwandler«, erklärte Kalea weiter, »wenn unsere Gedanken bei Erinnerungen in der Vergangenheit oder in Fantasien zur Zukunft sind. Träumenden Zeitreisenden gleich, aus Ort und Zeit enthoben, und von einer seltsamen Gewohnheitsenergie geführt.«

Erst nach einer kurzen Pause gab sie sodann das Wichtigste preis:

»Freiheit – es geht um Freiheit!«, ließ sie ihre Worte in die Stille sinken.

»Wir sind keine freien Wesen, wenn Vergangenes oder Zukünftiges von uns Besitz ergreift. Wir befinden uns im Nirgendwo, nicht aber im Hier. Der erste Schritt in die Freiheit besteht deshalb darin, in die Sinnlichkeit der Gegenwart zurückzukehren.«

Kobi nickte und verstand. Sie dachte an ihr Vogeldorf, ihre Vergangenheit und daran, wie sehr das Leben dort von Hast bestimmt war. Schnelligkeit konnte ein Schlummern sein; der Körper ist ruhelos in Bewegung, der Geist aber schläft. »Aber ich kann mich jederzeit für die Rückkehr in den gegenwärtigen Augenblick entscheiden. Jeder Moment ist eine Möglichkeit. Selbst ein einziger Schritt ...«, sinnierte sie.

Jede Reise beginnt mit einem Schritt, hatte sie mal gehört. Ja, und genau so, das wurde ihr jetzt klar, konnte in jedem Schritt eine ganze Reise liegen.

Diese Erkenntnis beherrschte den weiteren Weg, den Kobi mit neuem Bewusstsein erlebte.

Sie erblickte grazile Grashalme, die mit der Luft spielten, Steine ohne Herzschlag – und doch aus dem Fleisch des Lebens gewoben. Sie sah leuchtende Käfer, die so winzig waren, dass Kobi nicht einmal von ihrer Existenz gewusst hatte. Ihre innere Stimme murmelte: »Manchmal müssen wir wohl unten sein, um die Schönheit des Lebens in all ihren Schichten zu entdecken.«

In jedem Schwebeschritt, den Kobi tat, lag Ankunft.

In jedem Schritt lag Anfängergeist, jener rätselhafte Augen-Blick, mit dem sie die Welt wie zum ersten Male entdeckte.

Bald gelangten die beiden zu einem Wald und das Abenteuer im unteren Reich ging für Kobi weiter. Waren einst überwiegend die Baumkronen ihr Revier, traten nun die Baumstämme in den Mittelpunkt. Kobi betrachtete die geheimnisvollen Rinden, die aus fragilen, mehrschichtigen Lagen bestanden. Wie Fischschuppen aus hauchdünnem Papier schlängelten sie sich um den Stamm. Kobi war fasziniert. Sie tastete mit ihrem Flügel über die Oberfläche und hielt inne: »Wie kann Holz bloß von solcher Weichheit sein?«, murmelte sie.

Kalea flüsterte zurück, dies seien die Papierbäume. Auf ihnen seien Geschichten unsichtbar geschrieben, die erst viele hundert Jahre später als Bücher in die Menschenwelt flögen. Hier dürfe man nie laut sprechen, dann verschlössen sich die Schuppen der Bäume und ließen die Geschichten verstummen.

»Leise, leise!«, hauchte Kobi, als erinnerte sie sich selbst an diese unbedingte Vorsicht, um die Bäume weiterschreiben zu lassen.

Und so raschelte dieser Wald nur so vor lauter Erzählungen.

Kobi blieb bei manchen Bäumen lange hocken und lauschte dem Flüstern ihrer Märchen. Im ganzen Wald war ein Wispern und Raunen voller Dichtung zu hören.

»Erst wenn wir anhalten und still werden, tauchen wir in eine fühlende Welt«, dachte Kobi, vollkommen in Erstaunen versetzt, wie sich das Alltägliche in Magie verwandelte.

»Was geschieht hier gerade?«, fragte sie sich. Ein Zauber durchströmte ihren Körper – fast so, als würde sie sich verlieben.

Und genau das tat sie: Kobi verliebte sich in das Leben.

Nach einer Weile erreichten die beiden die nächste Station ihrer Reise. Kalea nannte sie das Gebiet der Siebenfarbigen Erde.

Von einer Anhöhe öffnete sich ein Panorama auf ein abstraktes Naturgemälde, das sich vor ihnen ausbreitete, von ernstem, sakralem Charakter durchdrungen. Kobis Blick wanderte über Wellen aus Sand und seinen Farbstimmungen aus Gelb zu Orange bis Violett. Das Fließen der Sonnenstrahlen ließ die Farben mäandern und schuf eine Atmosphäre, die Kobi in das Meditative dieses Ortes hineinzog. Eine mächtige Stummheit blickte ihr entgegen. Für Momente hörte das Denken gänzlich auf.

Kalea machte den ersten Schritt und ging voran. Fast schreckte sie Kobi damit auf, denn die schüttelte kurz ihren Kopf, wie um sich aufzuwecken. Sie ahnte schon, dass bei aller Schönheit dieses Geländes eine Herausforderung vor ihr lag. Jeden ihrer Schwebeschritte würde sie mit äußerster Bedachtsamkeit setzen müssen, um nicht abzurutschen und in eine der Senken zu fallen.

Vorsichtig tasteten sich die beiden voran. Sie entschieden sich für Etappenziele und freuten sich über jede Ankunft am anvisierten Ort. Und doch: Kobi holte ihre Vergangenheit und damit ihre Gewohnheit, sich stets zu überfordern, erneut ein.

Sie spürte bereits die Erschöpfung und erste Schmerzen, sagte aber nichts. Sie wollte die Schwierigkeit unbedingt meistern, ohne aufzufallen, und ignorierte die Zeichen ihres Körpers. »Ich muss das schaffen. Ich darf nicht zu einer Last für Kalea werden, falls ich es nicht ohnehin schon bin«, quälte sie sich selbst. Aber Schmerzen haben ihre eigenen Gesetze. Sie wuchsen zu einem lodernden Feuer heran, das zuerst ihre Flügel, dann ihre Füße und schließlich einem Waldbrand gleich ihren ganzen Körper verschlang.

Kobi hatte keine Wahl mehr. Sie konnte sich nur noch ergeben. Es gab keinen anderen Ausweg, als Kalea zu gestehen, dass sie keinen einzigen Schritt mehr gehen könne.

Kalea, die in diesem Gelände gut auf sich selbst aufgepasst und eine Weile nicht auf Kobi geachtet hatte, war erschrocken, als sie Kobis Zustand bemerkte. Das feine Gesicht des Kolibris hatte sich innerhalb kurzer Zeit verkrampft und war maskenhaft erstarrt. Der Schmerz hatte die Herrschaft über Kobi übernommen.

Als Kalea die Qual des Vogels begriff, wurde ihr Herz noch weicher, als es ohnehin schon war.

»Du bist bereit für das nächste Wunder«, sagte sie nur.

»Lass deinen Kampf gegen die Wirklichkeit los, Kobi! Der Schmerz ist eine Sprache. Alles spricht – nicht über Worte, aber alles ist Sprache. Der Schmerz erzählt dir, dass etwas in dir deine Hilfe braucht.« Kalea schwieg kurz.

Dann fuhr sie fort: »Manchmal tun wir etwas Sonderbares. Wir gehen in den Widerstand zum Schmerz. Er sollte einfach nicht da sein, wir wünschen ihn uns weg, sagen Nein zu ihm. Doch dadurch entsteht etwas viel Größeres als Schmerz: Leid!«, seufzte sie.

»Du kannst dir das so vorstellen: Ein Pfeil trifft dich und verursacht eine Wunde. Aber anstatt dich mitfühlend um sie zu kümmern, sträubst du dich gegen die Wirklichkeit. Sie sollte anders sein, als sie ist. Das ist der Moment, in dem du selbst der Wunde die nächste Verletzung zufügst: den Kampf gegen sie.« Kalea atmete geräuschvoll aus, dann sagte sie: »Der erste Pfeil, Kobi, trifft uns manchmal im Leben ohne unser Zutun. Den zweiten schießen wir selbst ab.«

Kobi schwieg, hörte aber genau hin. Wieder einmal hatte sie sich zu etwas gezwungen und ihre Wahrheit aus den Augen verloren. Sie begriff, dass sie von der Gewohnheitsenergie getrieben worden war, ohne sich selbst wahrzunehmen. Ihr Blick senkte sich zu Boden.

Kalea lächelte Kobi tröstend zu: »Vielleicht bist du in die Fänge der Vergangenheit geraten. Das ist nicht schlimm, Kobi. Du weißt doch: Rückkehr ist immer möglich.«

Kobi war durcheinander. Ganz im Moment zu sein, konnte berauschend schön sein wie im Papierwald. Aber in Momenten des Schmerzes Hingabe zu erleben, klang für sie sonderbar.

Da riss sie Kaleas Stimme aus ihren Gedanken. »Komm, lass uns der Wirklichkeit begegnen. Die Kraft des Jas wird unsere Begleitung sein.«

Kobi nickte. Bei all ihrem Leid war sie neugierig und außerdem für jede Hilfe dankbar.

»Zwei Schlüssel öffnen das Tor zur Wirklichkeit«, erklärte Kalea. »Es sind Fragen.

Die erste lautet:

Was passiert gerade in meiner inneren Welt?

Beobachte es, auch das mögliche Durcheinander von Gedanken, Gefühlen und Körperempfindungen. Dann benenne es kurz.«

Kobi schloss ihre Augen und wandte den Blick nach innen. Nach einer Weile flüsterte sie: »Schmerzen. Druck. Müssen.«

Mehr als dieses Erkennen brauchte der erste Schlüssel nicht, um damit zu beginnen, das Schloss zu öffnen.

»Sehr gut, Kobi«, bestärkte Kalea sie. »Nun zum Schlüssel Nummer zwei, der das Tor öffnen wird:

Kann ich das, was ich vorfinde, genauso lassen, wie es ist?«

Kobi spürte sofort Abwehr aufkommen. »Auf keinen Fall!«, platzte es aus ihr heraus.

Kalea überlegte kurz. »Wir probieren mal etwas aus. Schicke ein Nein in deine innere Welt – nicht das Wort, sondern die Energie des Neins – und fühle, was geschieht.«

Kobi spürte die Ladung des Neins, wie es im Widerstand mit der Situation focht. »Nein, ich will diesen Schmerz nicht, er soll verschwinden. Geh weg, hau ab!«, schrie sie in ihrem Inneren. Sie verfluchte diesen inneren Druck, der ständig Besitz von ihr ergriff. Und sie erbrach fast am Gefühl des Müssens – dieser vertrauten Stimme, die nichts als Unheil brachte und immer wieder dafür sorgte, dass sie sich gegen die eigene Wahrheit stellte. »Scher dich fort, Schmerz! Ich will dieses Korsett des Müssens nicht. Verschwinde!«

Puh, die Energie des Neins schnürte ihren Körper unerträglich eng ein. Sie bekam kaum noch Luft, das Nein schuf Not.

Das war er also: der zweite Pfeil! Kobi war froh, dass Kalea sogleich weitersprach und sie damit aus ihren Empfindungen holte:

»Versuche nun Folgendes«, schlug die Schildkröte vor. »Gib deine Erlaubnis, dass alles so bleiben darf, wie es gerade ist. Das heißt nicht, dass Schmerzen oder manche Gefühle erfreulich sind; aber du sagst Ja dazu, dass sie im Moment da sind.«

»Nimm einen tiefen Atemzug, schüttele ein wenig deinen Körper«, leitete Kalea die Sternelfe an. Kobi plusterte ihr Gefieder auf, als ließe sie jede einzelne Feder durchatmen.

Mit weicher Stimme fuhr Kalea fort: »Nun sende ein Ja in deine innere Welt. Und bedenke: Es geht nicht um das Wort, sondern um den Geist des Jas. Es bedeutet, ein Feld zu öffnen, das dem Leben erlaubt, sein zu dürfen, wie es im Augenblick ist.

Ja.

Ja, es ist in Ordnung. Was immer es ist, es ist in Ordnung.

Ja zum Schmerz.

Ja zu den Gefühlen.

Ja auch zum Nein.

Ja.

Wie fühlst du dich, wenn du Ja sagst?

Was geschieht in deinem Körper, in dir?«

Die Seele des Jas durchdrang Kobi. Wellen der Erleichterung breiteten sich aus. In sich zu ruhen, nichts verändern zu wollen, brachte Frieden und Weite. Das war überraschend, denn Kobis Schmerzen ließen nach. Auch wenn es kein vollmundiges Ja von ihr gab, war es ein Anfang – und die Wirkung immens, als der Kampf aufhörte und Annahme den inneren Raum betrat.

Kalea sah die Milde, die sich in Kobis Gesichtszügen eingestellt hatte, und vertiefte ihre vorigen Worte: »Akzeptanz ist eine aktive Kraft. Oft denken wir, sobald wir etwas annehmen, zementieren sich Zustände. Doch das Gegenteil ist der Fall. Denn im Reich der Wirklichkeit wirken Paradoxien: Veränderung geschieht, wenn wir nichts mehr verändern wollen.«

»Was für ein Abenteuer!«, dachte Kobi. Es ging also gar nicht darum, Schmerzen oder unangenehme Gefühle zu überwinden, sondern in aufrichtiger Akzeptanz mit ihnen zu sein, weich zu werden und sich für sie zu öffnen.

Sogar Kobis Schmerz trat durch diese Katharsis in den Hintergrund und löste sich, so unwahrscheinlich es schien, allmählich auf.

»Das war ein wundersames Erlebnis«, überdachte es Kobi. Und obwohl es ihr jetzt weit besser ging, bat sie um eine längere Verschnaufpause. Kalea war dafür jederzeit zu begeistern.

So zog sich der Tag dahin. Kobi genoss den Schatten der Wolken, den feinen Wind, der durch ihre Federn pustete. Vor allem erlaubte sie sich, in die Süße des Nichtstuns einzutauchen: nur dazusitzen, in der verschwenderischen Fülle von Stille und Stillstand versunken. Das hätte sie sich früher nie gestattet. Immer war sie sich selbst um mehrere Schritte voraus, in Gedanken und Taten, sich Unmögliches abzuverlangen und vom Fleiß verschlingen zu lassen.

Die Oase der Pause war ein wahrer Quell der Kraft und so war es schließlich Kobi, die Kalea zurief: »Für mich kann die Reise weitergehen, wollen wir?«

Die beiden hangelten sich auf dem Gelände Stück für Stück weiter. Aber auf dieser Wegstrecke hatte Kobi die Haltung von Akzeptanz an Bord; sie wusste, dass sie fortan mitfühlender mit sich umgehen und zu ihrer Verletzlichkeit stehen würde.

So kam es, dass Kobi und Kalea die Farben und Hügel des Gebiets gänzlich durchwanderten und schließlich die äußere Grenze der Siebenfarbigen Erde erreichten.

Es war später Nachmittag, als eine weitere Wegstrecke genommen war und Kalea verkündete, dass die Schildkrötenbucht nahe sei.

»Wie gut«, dachte Kobi bei sich. »Manchmal ist eben nicht der Weg das Ziel, sondern das Ziel das Ziel«, schmunzelte sie in sich hinein.

Voller Erleichterung erkannte sie, dass Kalea auf einen alten steinernen Torbogen deutete, der den Eingang zum Schildkröten-Refugium markierte. Kobi konnte es kaum erwarten.

Noch bevor sie den Ozean überhaupt sah, roch Kobi ihn. Die Luft war geschwängert von den Düften nach Seetang, Salz und Algen, die wie Boten aus der Bucht drangen. Kobi witterte die Kraft der Elemente, weitete ihre Nasenöffnungen und reckte ihren Kopf gen Himmel, als könne sie dadurch mehr von diesem Duft aufsaugen. Sie konnte gar nicht genug davon bekommen, die gewürzten Brisen einzuatmen.

Die beiden durchschritten den mächtigen Torbogen, um in die Bucht zu gelangen. Kobi schaute in Ehrfurcht hinauf. Phönixfedern zierten dicht an dicht die alten Steinmauern. Die Botschaft des Tores war allgegenwärtig. Es ging um mehr als eine Öffnung: Der Bogen war

Portal, war Zugang zu einer anderen Sphäre, einer Welt der Wandlung.

Als sie das Ende des Torbogens erreicht hatten, rief Kalea: »Willkommen in der Schildkrötenbucht *Baie aux Tortues*!«

Kobi schaute kurz über ihre Schulter zurück und sah, wie sich die Phönixfedern von den Wänden lösten. Sie flatterten zu einem Schwarm zusammen, um schließlich in der Mitte des Torbogens einen Schleier zu bilden, der sich allmählich verschloss.

Jenseits des Bogens verblassten Farben, Konturen, ja selbst die Vergangenheit.

Das Neue konnte beginnen.

Kobi entdeckte eine Bucht, die jede Fantasie übertraf.

Eine mystische Landschaft entfaltete sich vor ihr, in sphärisches Licht getaucht. Es verlieh den Konturen Weichheit und der Bucht etwas Unwirkliches. Links und rechts türmten sich schwarze Felsformationen auf, in deren Mitte das endlose Strahlen des türkisblauen Meeres schwebte. Kobi fragte sich, wer je eine solche Farbe hatte zaubern können.

Es war, als durchflutete sie das Aquamarin und dränge bis in jeden Winkel ihres Körpers vor.

Sie erreichten den Strand, der von Bäumen umsäumt war. Kalea ging auf einen Titanen unter ihnen zu; es musste *ihr* Baum sein. Der mächtige Stamm deutete auf eine Hunderte Jahre alte Lebensgeschichte hin. Die Baumkrone mit ihren unzähligen Ästen verwob sich zu einem majestätischen Dach, das allem darunter ein Behütetsein versprach. Von hier aus war der Blick auf den Ozean wie ein Traum.

Das Meer funkelte, als tanzten darauf Milliarden Diamanten. Erhoben sich Tausende von ihnen auf den Wellen, sanken Abertausende in die Tiefe. Myriaden von Wassersternen aus Licht flimmerten über die Oberfläche, so weit das Auge reichte. In endlosen Spiegelungen vibrierten die unzähligen Wasserlichter wie Sterne des Meeres.

Obwohl die Wellen gegen die Brandung peitschten und ihre salzigen Gischtspritzer bis zu Kobi und Kalea warfen, flossen Tausende Lichtperlen zur Mitte eines unendlichen Ozeans zurück, als schwömmen sie nach Hause.

Kobi starrte fasziniert auf dieses Mysterium, wurde aber bald von einem Geräusch abgelenkt. Es war das Knirschen von Sand, das Kalea verursachte, weil sie in der Erde buddelte, offensichtlich etwas suchte und schließlich fand: einen Kompass.

Er schien uralt zu sein und hatte schon viele Länder gesehen. Etwas aus ihm strotzte wie unbändiger Mut, über alle Grenzen hinweg, etwas zeigen zu wollen.

Dies war kein gewöhnlicher Kompass, so viel war klar. Irritiert stellte Kobi fest, dass er nicht einmal die vier Himmelsrichtungen anzeigte, die sie von ihren Flügen her kannte: Kein Norden, kein Süden, auch kein Westen oder Osten waren eingezeichnet.

Seine Nadel bewegte sich geschwind über einem weißen Grund, um dann urplötzlich stehen zu bleiben. Im selben Moment erschienen wie aus dem Nichts Buchstaben unter dem Glas des Kompasses, die sich allmählich zu Wörtern formierten.

Der Pfeil zeigte auf *Inwendige Welten*.

Kalea senkte ihre Stimme, wohl um ihre nächsten Worte gewichtiger wirken zu lassen:

»Das Universum wächst in die Unendlichkeit, in Dimensionen, die unsere Vorstellungskraft überschreiten. Aber: Das Gleiche passiert in unserem Inneren.

In uns liegen Länder, Welten, ganze Galaxien.

Und so unvorstellbar es scheint – im Inneren sind wir größer, als die Welt im Außen je sein könnte.«

Kobi legte ihren Kopf schief. Sie verstand die Worte, bekam aber die Idee dahinter nicht richtig zu fassen. Das war ihr Glück. Denn wäre sie konzentriert gewesen, um die Sätze zu verstehen, hätten diese ihr Ziel vermutlich verfehlt. Schließlich lag der Sinn des Staunens jenseits dessen, was der Verstand erlaubte. Dem Phänomenalen auf der Spur zu sein, gelang nur über einen Durchbruch zum Fühlen.

Und die Bucht war eine Lehrmeisterin, die dabei half, in dieses Reich zu gelangen, indem sie die Landschaft und den Ozean ihren subtilen Logos sprechen ließ.

Kalea vergrub den Kompass am Strand, da, wo die Wassergräser eine feine Melodie raschelten. Dann zog sie sich für eine Weile in ihren Panzer zurück, um ein Nickerchen zu halten.

Ohne dass Kobi es bewusst wahrnahm, wurde sie vom Rauschen der Wellen, die kamen und gingen, verführt.

Eine Woge erschien und löste sich im Vergehen auf, die nächste Welle erreichte die Bucht, blieb für eine Weile, um dann abzuflauen.

Kobi lauschte der Musik des Meeres, erspürte, wie es atmete.

Nach einer Weile bemerkte sie die Ebbe und Flut in ihrem eigenen Atem: Eine Welle des Einatmens durchdrang sie, verweilte für einen kurzen Moment, dann – als würde der Atem seine Segel neu hissen und die Richtung ändern – verließ er sie. Wieder machte er eine Pause, bevor die nächste Welle Kobi atmete. Sie kam auf diese Weise in Berührung mit ihren eigenen Gezeiten, den Wellenbergen und Tälern eines jeden Atemzugs. Ihre Atmung verlangsamte sich. Ihr Körper bekundete nun sein Vertrauen, loszulassen.

Gedankenverloren ließ sie sich von ihren Atemwellen wiegen und versank in einer grenzenlosen Ruhe. Wie ein Fisch im Wasser tauchte sie in das Eingebundensein mit der Luft, in das lautlose Wesen einer atmenden Landschaft.

Etwas Überweltliches wurde ihr dabei offenbar: »Ich war von Beginn an von diesen Wellen getragen, gehalten von einer numinosen Kraft. Mit jedem Atemzug küsste mich das Leben.«

Geatmet zu werden, zeugte vom Band zum Unsichtbaren; der Atem war der Bote zwischen den Welten.

Kobi sann darüber nach, wie blind sie vorher für dieses Wunder gewesen war. Kurz dachte sie an ihr altes Leben. Im Rückblick kam sie sich wie eine Spieluhr vor, die einmal aufgezogen, nicht mehr von alleine anhalten konnte. »Wie unbedeutend ein Leben verlaufen konnte, trotz aller Geschäftigkeit«, dachte sie, »statt das heilige Bündnis mit dem Leben zu feiern. Und dafür hätte ich nur das Tor nach innen durchschreiten müssen in die Stille und in die Welt des Augenblicks.«

Es schien der Atem zu sein, der durch den Torbogen führte. Sein heiliger Wind hauchte: »Halte inne, nur einen Moment, einen Atemzug! Und falle in zeitlose Gegenwart.«

Tiefe Wolken, in Vanillefarben getaucht, schwebten am Abendhimmel. Wie eine Karawane zogen sie von Osten nach Westen. Kobi und Kalea schauten ihnen nach. Kalea wusste, dass es nichts weiter zu sagen gab. Es war, als hätte die Bucht ein eigenes Wesen und zu Kobi gesprochen – eine sinnliche, belebte Welt, die mehr als nur ein irdischer Ort war, durchdrungen von der heilenden Kraft einer stillen Präsenz.

Auf der Brücke, auf der die Zeit floss, kippte der Tag in die Nacht über.

Kobi und Kalea schliefen ein. Die Träume konnten nun mit ihren Verwandlungen beginnen. Und obwohl sich Kobi nicht an sie erinnern würde, erneuerten sie ihre Lebenskraft durch die Schönheit ihrer Erkenntnisse.

4

DEN TRAUM TRÄUMEN

Drei Monate und drei Sonnenaufgänge waren verstrichen.

Mit jedem Tag in der Bucht war Kobi mehr und mehr im Land der Langsamkeit angekommen. Mit jedem Tag hatte sich ihre Genesung vertieft und die Kraft des Lebens war nach und nach zurückgekehrt.

Na ja, vielleicht nicht ganz: Ihre linke Schwinge hing leicht am Körper herab und begann zu zittern, sobald Kobi ihre Schleifen zu lange über der Bucht flog, was ihr mittlerweile möglich war. Denn manchmal setzt das Leben einen letzten Zeugen ein: ein Symptom, das bleibt; als wollte es damit an den heiligen Kern dessen erinnern, was geschehen war. Ob Absturz, Krankheit oder Krise – mitunter sind sie die Boten, die kommen, wenn ernster Verlust droht: die Treue zum eigenen Leben zu verlieren.

Kalea hatte in den vergangenen Wochen oft zu Kobi gesagt, dass jedes Geschöpf auf gesunde Weise krank sein konnte – nämlich dann, wenn es sich dadurch näherkam und entdeckte, was wirklich von Bedeutung für es war. Jedes Symptom konnte eine Spurensuche darstellen, mit der die Seele auf die Rückkehr zu dem zusteuerte, was in einem Wesen wahrhaftig und heilig war.

Es war Vormittag eines spätsommerlichen Tages. Die Sonne schien über die mächtigen Baumwipfel der Bucht. Kobi ruhte unter dem Titanen und genoss die Lichtstrahlen, die durch das Geäst auf ihr Gesicht und Gefieder perlten. Sie schaute auf die Weite des Meeres und erfreute sich an den schaukelnden Wassersternen. Ihr Herz war durchdrungen vom Zauber des Ortes.

Weiter draußen, auf den schwarzen Felsvorsprüngen, sah sie Kalea, die sich sonnte oder vielleicht auch meditierte; das konnte Kobi nicht genau erkennen. Auch wenn Kalea es nicht sah, Kobi lächelte ihr zu: »Wie sehr nur hat diese Begegnung mit dir mein Leben verwandelt«, träumte sie, von Dankbarkeit erfüllt.

Ihr Blick schweifte weiter und blieb an einer Blüte hängen. Über Nacht hatte die ihre Pracht entfaltet. Gestern noch hatte die Knospe geschlummert, heute war ihr Blütenherz zu einem üppigen Fächer erwacht. Beinahe gläsern schien die Zartheit der Blätter und doch leuchtete ihr Rosé wie ein einziger Rausch von Farbe.

Kobi erkannte die Blüte. Sie hieß »Vom Winde verweht«.

Ihr fiel ein, dass der Name daher rührte, dass der Wind die Blume mitnahm, bevor sie überhaupt ans Verwelken nur denken konnte. Er holte sie zu Zeiten, wenn sie am schönsten war. Man munkelte, er trüge sie zu einer unbekannten Höhle, deren Erdreich und Felswände mit einem dichten Flaum der vom Winde Verwehten überwachsen waren. Der Eingang zur Höhle, so sagten jene, die sich einst dorthin verirrt hatten, sei dunkel und kalt, aber nach ein paar Metern leuchteten die Blüten. Überall, in jeder noch so verborgenen Nische blühten Tausende von Blumen. Ihre Wärme sei eine andere als die der Sonne: Sie öffnete Herzen wie Blütenblätter und jeder, der nur ein einziges Mal in dieser Höhle war, sehnte sich ein Leben lang nach ihr zurück. Aber nur der Wind kannte den Weg.

Mitten in diesen Gedanken, plötzlich, wie ein kalter Blitz durchzuckte Kobi ein beängstigender Schmerz. Schlagartig fühlte sie sich wie betäubt, wie eine Gefangene, geknebelt vor Erstarrung.

Was war das?

Ihre Welt war erfüllt wie nie und der Anblick einer traumschönen Blüte genügte als Sturz in den Abgrund, als Fall in die Leere? Kobi, die gerade noch das Leben bestaunt hatte, erstarrte. Ihr Körper gefror zu Eis.

Sie hatte keine Ahnung, wie lange sie in diesem Zustand verharrt hatte, als sie Kalea neben sich bemerkte. Die Schildkröte sah sie an und wusste sofort, was geschehen war: Eine Erinnerung war in Kobi erwacht.

Vorsichtig lehnte sie ihren Panzer an Kobis Gefieder: ein Halt, der Kobi das Gefühl vermittelte, nicht alleine zu sein. Ohne Umschweife sagte sie dann:

»Komm zurück, Kobi. Du weißt, wie es geht.«

Momente von Heilung begannen damit, in ihren Körper zurückzukehren. Das hatte Kobi von Kalea und der Bucht gelernt. Sie wusste, der Atem würde sie an die Hand nehmen und führen. Die Macht des Schreckens hatte sie das vergessen lassen.

Kobi lauschte zunächst den Wellenbewegungen des Meeres, um dann auf den Bergen und Tälern ihres Atems zu landen. Mehr und mehr kam sie zurück. Sie spürte den Sand unter ihren Füßen, fühlte achtsam ihren ganzen Körper und schließlich bemerkte sie, wie sich ihr Atem verlangsamte. Erleichterung stieg in ihr auf, und nach einer Weile sagte sie zu Kalea:

»Hier in der Bucht beginnt mein Körper zu entspannen. Das erste Mal in meinem Leben entdecke ich das Glück des Ausruhens.« Sie lächelte.

»Es fühlt sich wie eine stille Ekstase an – unbemerkt im Außen, und voller Lebendigkeit in meinem Inneren. Und eines habe ich sicher verstanden: Nur in dieser Ruhe kann ich Kraft schöpfen und bei mir selbst sein. Das war mir in meinem alten Leben unbekannt.«

Kobi holte tief Luft.

»Aber als ich die Blüte anschaute, hörte ich auf einmal einen stummen Befehl. Er war lautlos und doch schrie er mich an. Etwas tobte, als dürfte ich nicht ausruhen, als gäbe es immer etwas zu tun. Statt die Schönheit der Blüte zu sehen, vernahm ich einen Appell. Etwas drängte, fast gewaltsam, als müsste ich unentwegt auf dem Sprung sein.«

Kalea konnte Kobis Druck spüren. Auch ihr wurde eng ums Herz.

»Ja«, antwortete sie, »ich glaube, ich weiß, was du meinst.«

Ihr war klar, dass Kobi in der Bucht gelernt hatte, körperlich auszuruhen; aber geistig zur Ruhe zu kommen, verstand sie noch nicht. Mit ihren gütigen mondförmigen Augen schaute sie Kobi an. »Komm, ich möchte dir etwas zeigen.«

Ein paar Meter vom Titanen entfernt, bei den Wassergräsern, scharrte Kalea im Sand. Kobi war ihr gefolgt und sah, wie Kalea den Kompass aus dem Erdboden hervorholte. »Was würde er dieses Mal zeigen«, fragte sie sich.

Der Kompass schwenkte seine Nadel zunächst kreuz und quer, dann quer und kreuz. Flink raste sein Richtungspfeil, um plötzlich mit voller Kraft stehen zu bleiben. Auf seinem Grund reihten sich abermals Buchstaben aus dem Nichts auf. Zuerst sah Kobi nur Nuancen aus Grau, dann aber formierten sich eindeutige schwarze Lettern daraus. Die Nadel zeigte auf *Die Welt der Gedanken*.

Trotz des immensen Schreckens vor wenigen Momenten war Kobis Neugierde geweckt. Jetzt war sie hellwach. Kalea schlug vor, an einen besonderen Ort zu gehen, um diese Welt besser zu verstehen, und Kobi verspürte große Lust, Neuland zu betreten.

Der Platz lag nicht weit entfernt und doch zeigte er eine gänzlich andere Natur. Sie hatten den Strand verlassen und einen dschungelartigen Pfad durchwandert; überall müffelte es nach modriger, feuchter Erde. Am Ende dieser grünen Gasse offenbarte sich eine Sicht, die Kobi in Staunen versetzte:

Sie schaute auf ein schier endloses Tal und die Wucht nebelverhangener Berge ringsum. Etwa in der Mitte des Panoramas toste ein Wasserfall. Sein dröhnendes Wasser ließ eine Aura um ihn entstehen, die sich in der Tiefe zu einem kristallklaren See ergoss.

Der Wasserfall hatte etwas Hypnotisches an sich, aber Kobi wurde jäh aus diesem Faszinosum gerissen. Denn plötzlich waren die beiden von Affen umringt, die vor ihnen hin- und herliefen.

Die Affen waren flink und flüchtig. Kobi konnte ihnen nur kurz in die Augen schauen, da waren sie auch schon wieder auf den Bäumen des Dschungels verschwunden. Urplötzlich tauchten sie außer Rand und Band wieder auf. Und hören konnte man sie ohnehin von überall. Egal, ob sie sich zeigten oder in den Bäumen versteckten, ihr Kreischen durchdrang die Luft.

»Wir sind da«, erklärte Kalea, »angekommen – im Affenland.«

Kobi war hingerissen von dem Schauspiel, das die Affen darboten. Sie stürzten sich von den Ästen, versuchten, einander zu fangen, und es schien, als würden sie keinen Stillstand dulden. Immer sorgten einige von ihnen für so viel Bewegung, dass keine Ruhe aufkam.

Ungezähmt und wild war die Menge, ohne jegliche Harmonie. Kobi mochte die Affen auf Anhieb, allerdings hatte sie ein wenig Angst vor ihrer ungestümen Art. Sie rempelten einander um, sicherlich versehentlich, andere bissen zu, vielleicht um sich in der Gemengelage etwas Schutz zu verschaffen. Ein paar Mütter wiegten ihre Kinder in den Armen, aber die Kleinen duckten ihre Köpfe ruckartig weg und blinzelten mit weit aufgerissenen Augen mitten in das Durcheinander.

Die Unruhe übertrug sich auch auf Kobi. Nach einer Weile wurde es so unangenehm, dass sie Kalea um

Aufbruch bat. So machten sich die beiden für den Rückweg bereit.

Wieder in der Bucht angekommen, richteten sie sich unter dem Titanen bequem ein. Kalea erklärte ihrer Gefährtin, warum sie das Affenland überhaupt aufgesucht hatten.

»Die Affen lehren uns, was es bedeutet, wenn unsere Gedanken toben. Genau das ist ihr Wesen. Denn auch Gedanken sind unaufhörlich unterwegs und springen pausenlos von Ast zu Ast. In uns lebt Unruhe, ein unaufhörliches Geplapper, selbst wenn das Außen still ist.«

Kobi wusste, als sie Kaleas Worte hörte, intuitiv um die Wildheit ihres Geistes und lauschte ihr, um noch viel mehr über diese Welt zu erfahren.

»Es gibt einen Unterschied, der von enormer Bedeutung ist: Wir können in Gedanken verloren sein, entführt wie auf einem Teppich aus Tausendundeiner Nacht.«

»Wie auf dem fliegenden Teppich in dem Märchen?«, fragte Kobi nach.

Kalea nickte.

»Ja, Kobi! Erinnerst du dich an die träumenden Zeitreisenden? Gedanken durchwirbeln den Geist, denken sich scheinbar wie von selbst. Ein Gedanke führt zum nächsten und der wiederum zum nächsten. Wie eine Kaskade von Steinen: Ist einer angestoßen, schubst er den nächsten. Gedanken bilden Ketten, die ohne Unterbrechung laufen – ohne einen Anfang, ohne ein Ende.«

Kobi holte tief Luft. Ja, das kannte sie. Sie musste wieder an die Affen denken und erkannte, dass auch ihre eigenen Gedanken oft so ein ungebändigtes Wesen hatten und mit Lichtgeschwindigkeit durch ihren Geist zu rasen schienen.

Kalea fuhr fort: »Wir reisen genauso in die Museen unserer Erinnerungen wie in die Werkstätten der Zukunft: mit Plänen, Sorgen und Wünschen. Wir leben in Geschichten, nicht in der Gegenwart. Manchmal trägt uns der fliegende Teppich zu schönen Welten, andere Male zu tiefdunklen, die Leid bringen.« Sie schaute in die Leere, bevor sie weitersprach. »Auch hier packt uns die Gewohnheitsenergie: Die Abertausenden von Gedanken eines jeden Tages ähneln einander. Das ist ebenfalls eine Form von Gefangenschaft, stets dasselbe zu denken.«

Kalea sah Kobi direkt an:

»Unsere Gedanken sind die Wurzeln unseres Leids.«

Sie machte eine kurze Pause.

»Die gute Nachricht ist: Unsere Gedanken sind die Wurzeln unseres Glücks – wenn wir den fliegenden Teppich erkennen und ihn zu leiten lernen.«

»Wow«, dachte Kobi. Die Vorstellung, den Gedanken nicht ausgeliefert zu sein, sondern den fliegenden Teppich segeln zu können, faszinierte sie.

»Das ist der andere Weg«, ergänzte Kalea, »achtsam mit unseren Gedanken zu sein. Sie können unsere Feinde oder unsere Freunde sein. Die Wahl liegt bei uns, denn: Du träumst den Traum.«

Manchmal reicht ein einziger Satz, um alles zu verändern. Kobi verstand augenblicklich. Wenn Gedanken Geschichten waren, waren sie Träume. Sie konnten sich zwar echt anfühlen und doch waren sie nicht die Wahrheit. Kobi kannte das gut, sich in ihnen zu verfangen, und da begriff sie: »Ich kann mich jederzeit für einen neuen Traum entscheiden – und Träume träumen, die zu guten Welten führen. Denn ich träume den Traum.«

Doch die Erkenntnis war das eine, der Weg dorthin das andere.

Es wurde Abend, der Vollmond beäugte die Bucht, das Sternenlicht funkelte. Kobi und Kalea schauten von ihrem Titanen aus auf den Ozean, auf dem ein silbernes Leuchten ruhte. Selbst die Kräuselungen der Wasseroberfläche schimmerten in kristallenen Linien und ließen ihre Ringe, als würden sie atmen, auf dem Wasser schweben.

An der etwas entfernt liegenden Küste entdeckte Kalea weitere Lichter. Sie deutete mit einer Kopfbewegung zum anderen Meeresufer. Hier feierten die Menschen gerade ihre Lichterzeremonie.

Einmal im Jahr versammelten sie sich, um ihre Himmelslaternen aufsteigen zu lassen. Tausende von Lampions schwebten dem Himmel der Nacht entgegen und verzauberten das Firmament in ein einziges Lichtermeer. Der Anblick war für Kobi so ergreifend, dass sie für einen Moment die Augen schließen musste. Es lagen überall Funken von Lichtern in der Luft und ein Frieden, den es vielleicht nur am Hang des Himmels gab.

Kalea stupste Kobi an und flüsterte: »So wie diese Laternen können wir auch unsere Gedanken emporsteigen lassen. Sie schweben in die Lüfte und werden vom Himmel empfangen. Und ganz gleich, welche Geschichten mit ihnen fliegen, ob die hellen oder die düsteren – sie alle werden willkommen geheißen.«

»Hm«, raunte Kobi zu sich selbst, »meine Gedanken wie diese Lampions schweben lassen? Wie schön diese Vorstellung doch ist!«

Nach einer kurzen Pause schlug Kalea vor: »Wenn wir nun zur Nachtruhe einkehren, lass uns unseren Geist beobachten. Ein Gedanke erscheint und wir lassen ihn aufsteigen wie einen Lampion, ohne ihm zu folgen. Wir lassen ihn frei für den Himmel, der auf ihn wartet. Dasselbe machen wir mit dem nächsten Gedanken.«

Kobi war aufs Neue von Kaleas Ideen fasziniert. Sie schloss die Augen.

In ihrem Inneren sah sie noch einmal die Lampions an der Küste. Dann besann sie sich darauf, ihre Gedanken zu beobachten.

Und tatsächlich: Es gelang ihr, einen Gedanken zu beobachten, statt mit ihm vereint zu sein. Mehr und mehr betrat Kobi eine neue Erfahrungslandschaft.

Allerdings währte das nicht lange. Denn es gab Gedanken-Lampions, bei denen Kobi bald bemerkte, dass sie auf und davon geschwebt waren und Kobi sie aus dem Blick, aus dem Gewahrsein, verloren hatte. Stattdessen hatte sie sich in Geschichten verstrickt und flog wie ein blinder Passagier auf dem fliegenden Teppich umher.

Glücklicherweise hatte Kalea vorher erklärt, dass dies passieren würde und ganz normal sei. Sie nannte das die *Hoppala*-Momente: jene Augenblicke, in denen Kobi merken würde, dass der fliegende Teppich den Kurs bestimmte und einfach davonflog. Aber Kobi würde sich zurückholen können, indem sie in dem Moment des Bemerkens ein *Hoppala* aussprach. Kalea betonte, sie müsse dieses *Hoppala* freundlich, geradezu locker, begrüßen. Denn *Hoppalas* schätzten und hatten Humor.

Kobi übte mit Forschergeist und wurde zu einer wahren Gedankenbeobachterin.

Immer wieder bemerkte sie *Hoppala*-Momente, lächelte sich und dem *Hoppala* dann aber zu. Merkwürdig, dachte sie. Wie zwischen den Atemzügen eine Pause liegt, so existiert ebenfalls eine zwischen den Gedanken: Ein Gedanke kommt, ich lasse ihn aufsteigen, und er vergeht. Nach einer Weile steigt ein neuer Gedanken auf, auch dieser vergeht. Und dazwischen liegt ein Raum von nichts.

Für den Hauch eines Moments erfuhr sie in diesen Lücken eine Stille, die nicht von dieser Welt schien. »Das ist eine Entdeckung!«, wunderte sich Kobi, als sie durchschaute, dass ihre Gedanken flüchtige Erscheinungen waren. Sie erkannte sich als Träumerin ihres Traums und allmählich ging sie von der einen Traumwelt über in die andere: in die der Nacht.

Im Laufe des nächsten Tages wartete Kobi auf eine Gelegenheit, Kalea von ihrer Erfahrung zu erzählen. Auf dem Weg zu einem arkadischen Plätzchen, an dem es genügend Futterquellen für beide gab, erzählte sie: »Gestern, als ich meine Gedanken beobachtete, war mir, als würden die Affen durch meinen Geist flitzen. Aber ihr Kreischen verstummte, sogar ihre Sprünge verlangsamten sich.

Ich konnte es kaum glauben, aber ich war nicht wie üblich eins mit meinen Gedanken, sondern ich konnte sie wie Lampions sehen, die aufsteigen und sich im Himmel verlieren. Ich weiß nicht, warum, aber meine innere Atmosphäre veränderte sich. Eine Ruhe kehrte ein: in meinem Körper *und* in meinem Geist.«

»Ja, Kobi«, erwiderte Kalea, »das ist ein wichtiges Erlebnis. Denn die Affen sind, wie sie sind. Sie werden sich nie beruhigen. Und so verhält es sich auch mit unserem Geist. Unser Herz schlägt, die Nase riecht, der Mund schmeckt. Und unser Geist denkt. Wenn wir aber unsere Gedanken beobachten und ihnen nicht mehr alles glauben, kann sich das Leben verändern. Wir befreien uns aus ihrem Gefängnis und schaffen Raum für eine neue Gegenwart – und Zukunft.«

Nachdem sich die beiden an den Köstlichkeiten gelabt hatten, stupste Kalea Kobi an und lud sie zu einem Spaziergang am Strand ein. Sogleich machten sich die beiden auf den Weg Richtung Wasser. Kalea war ganz im Legato ihrer Langsamkeit vertieft, und Kobi passte ihre Schwebeschritte dem Schildkötentempo an. In dieser Gemächlichkeit setzten sie ihr Gespräch fort. Dabei führte Kalea bedeutungsvoll eine Frage ins Feld, von der sie behauptete, sie sei uralt und habe universelle Gültigkeit. Sie lautete: Was kann ich wissen?

»Um sich einer Antwort zu nähern, müssen wir das Wesen der Gedanken kennen«, sagte sie. »Gedanken erscheinen real, wenn wir uns in ihnen verfangen, aber zerplatzen wie Seifenblasen, wenn wir sie beobachten und ihre Flüchtigkeit erkennen.«

Sie lächelte. »Gedanken sind ein Schauspiel unseres Geistes. Obwohl sie voller Theatralik sein können, sind sie doch nur Wellen, die abflachen, sobald wir nicht mehr an sie gefesselt sind.«

Kobi liebte es, in Kaleas Welt einzusteigen, und sie sprach aus, was in ihr vorging:

»Wenn alles nur Geschichten sind, können wir dann überhaupt wirklich etwas wissen, uns absolut sicher über etwas sein?«

Kalea freute sich über Kobis Frage, denn genau darum ging es ihr.

»Sesam, öffne dich«, triumphierte sie, »du trittst gerade ein in die Idee des Nicht-Wissens: Heimat aller Möglichkeiten. Denn Neues kann nur aus dem Unbekannten entstehen. Sich in der Wirklichkeit zu befinden, bedeutet, mit der Unschuld des ersten Blicks auf das Leben zu schauen.«

Sie hielt inne.

»Wir verhindern allerdings den Zugang in dieses Feld, wenn wir stets dasselbe denken. Dann wird heute alles so, wie es gestern war. So leben viele Wesen.

Was aber geschieht, wenn du, statt die Gedanken der Vergangenheit zu wiederholen, aus der Welt des Nicht-Wissens lebst?«

Kobi ahnte die Antwort: »Wenn unsere Gedanken in das Reich des Nicht-Wissens gelangten, öffneten sich die Tore zur Grenzenlosigkeit«, dämmerte es ihr.

Diese Vorstellung gefiel ihr und ließ sie an die unendliche Weite des Himmels denken, die sie so sehr liebte.

Nachdem die beiden eine Weile am Strand entlanggeschlendert waren, ließen sie sich nieder und lächelten über die sich anpirschenden Wellen, die ihre Beine leckten und neckten.

»Sieh dir einmal dieses glasklare Wasser an!«, bat Kalea. »Genauso ungetrübt kann der Geist sein, wenn wir ihn von der Täuschung befreien. Wenn wir an einem klaren Ort in uns sind, an dem wir das Kommen und Gehen unserer Gedanken beobachten, spielt es keine Rolle, welche Gedanken wir denken. Wir sind frei, wenn uns bewusst wird, dass ihr Inhalt unbedeutend ist. Genau dann sind wir bereit für den nächsten Schritt.«

»Den nächsten Schritt?«, wiederholte Kobi. Denn allein bis zu dieser Erfahrung gekommen zu sein, bedeutete, geistige Ruhe errungen zu haben. »Was sollte denn jetzt noch kommen?«, fragte sie sich.

»Dazu später«, entschied Kalea. »Unser Strandspaziergang hat mich etwas erschöpft. Ich würde mich gerne ausruhen. Lass uns nachher weiterreden.«

Kalea ging zum Titanen zurück und buddelte sich für ein Nickerchen im Sand ein. Kobi verspürte Lust, die Zeit mit einem Flug über die Bucht zu verbringen. Insgeheim wünschte sie sich, die Pause möge schnell vorübergehen und Kalea das Geheimnis um den zweiten Schritt lüften.

Kobi drehte ihre Runde und fragte sich: »Warum verliere ich mich so oft im Grübeln, halte an schmerzhaften Gedanken fest? Was wäre, wenn ich all das, was ich denke, nicht mehr glauben würde? Was würde passieren, wenn ich all meine Gedanken losließe? Wie würde ich mich wohl ohne sie fühlen?« Eine Weite entstand in ihr: im Körper, im Geist und im Herzen. Sie ließ sich vom Wind tragen und flog über den Meeressaum. Plötzlich schien es ihr, als würde das Wasser zu ihr emporschauen und lautlos sprechen:

»Du kannst die ganze Zeit über mich, das Wasser, nachdenken, ohne meine prickelnde Frische zu fühlen, ohne in mein Nass zu tauchen.«

»Ja, genau das passiert«, begriff Kobi, »wenn ich mit einer Rüstung an Gedanken durch mein Leben laufe, anstatt mich vom nackten Augenblick berühren zu lassen. Ich halte mich selbst von der Sinnlichkeit meines Lebens fern.«

Doch das wollte Kobi nicht mehr. Sie wollte das pure Leben, das erst jenseits der Gedanken beginnen konnte.

Sie flog zum Titanen zurück und sah, dass Kalea erwacht war. Nun endlich würde Kobi erfahren, was es mit dem zweiten Schritt auf sich hatte. Sie landete und bat Kalea, das Geheimnis zu lüften.

»Also gut«, raunte Kalea ihr zu.

»Gedanken sind In-Formationen. Das heißt, sie erschaffen Formen. Folglich ist es bedeutsam, uns unseres Gedankenspiels bewusst zu sein. Denn: Das Spiel erschafft Realität.

Im zweiten Schritt bemerken wir, ob wir uns verführen lassen, etwas zu erschaffen, das uns oder andere unglücklich macht. Wir können uns fragen, ob dieser Gedanke zu Leid oder zu Frieden, zu Schmerz oder zu Freude führt, und uns entscheiden, welchem Gedanken wir folgen wollen und welchem nicht.«

Kobi wurde ganz still.

»Ich weiß nicht, ob mir das gelingt, Kalea«, gab sie ehrlich zu. »Ich habe bemerkt, dass meine Gedanken oft auf dem fliegenden Teppich einfach davonreisen – ohne mich. Sie machen, was sie wollen!« Sie dachte kurz nach. »Darf ich dich etwas fragen?«

Kalea nickte.

»Wie gelingt es dir, deinen Teppich zu fliegen?«

Kalea fing an zu lachen, und zwar über sich selbst.

»Auch ich habe einen Affen-Geist. Einen unruhigen Geist zu haben, ist nichts Falsches, sondern lebendig und natürlich. Zum einen unterdrücke ich meine Gedanken nicht, ich lasse sie frei – wie die Lampions. Dann werden sie von selbst ruhig. Zum anderen habe ich im Laufe der Zeit etwas erlernt: etwas, das ich Rückkehr-Geschwindigkeit nenne. Ich bemerke schnell, wenn mein Teppich in Gedankenwelten fliegt, die zu Leid führen, und entscheide mich für die Rückkehr. Ich lächle über meine *Hoppala*-Momente und kehre dahin zurück, Gedanken des Glücks zu denken. Nichts kann von außen kommen, die Gedanken sind Wellen meines Geistes. Ich bin die Träumerin meines Traums.«

Kobi verstand, dass sie die Freiheit der Wahl in sich trug, welche Gedanken sie nähren würde und welche nicht. Der wichtigste Schritt war, überhaupt zu bemerken, ob sie auf dem fliegenden Teppich schlief oder den Kurs bestimmte. Kobi nahm sich vor, sich selbst im Laufe eines Tages immer wieder die entsprechende Frage zu stellen: »Schlafe ich oder bin ich wach?«

Sie erzählte Kalea von ihrem Vorhaben. Die schmunzelte. Dann vertraute sie Kobi etwas an, das sie noch nie jemandem preisgegeben hatte:

»Es klingt etwas verrückt, aber es wirkt: Ich rufe mich manchmal selbst bei meinem Namen: ›Kalea, ist jemand zu Hause?‹ Das eine oder andere Mal stelle ich fest: ›Nein, ich bin abwesend, niemand da.‹ In anderen Momenten kann ich mir zunicken: ›Ja, hellwach und hier.‹«

Kobi und Kalea schauten sich in die Augen und mussten dann laut lachen. Wie beruhigend es doch war, dass auch Kalea nach all den Jahren immer noch einen Affen-Geist besaß.

Und wie schön es war, dachte Kobi, wie sie mit ihm umging.

Kalea stand auf und ging zu einer Staude, die nahe am Titanen wuchs.

»Das sind meine Lieblingspflanzen.« Sie knabberte genussvoll das Kraut von Kleeblättern – von vierblättrigen Kleeblättern. »Ihre Samen habe ich von einem meiner Spaziergänge mitgebracht.« Sie buddelte in der Erde und holte ein paar von ihnen hervor. Dann betrachtete sie diese, als handelte es sich um Juwelen, legte sie schließlich zurück in die Mulde und fragte Kobi: »Was glaubst du, wird passieren? Glaubst du, es wird ein Olivenbaum aus den Samen? Oder eine Palme?«

Kobi schüttelte den Kopf. »Natürlich nicht, das ist doch klar«, dachte sie.

»Gedanken sind ebenfalls Samen. Wir pflanzen Wirklichkeiten mit ihnen.«

Wieder einmal nahm Kalea einen Gesichtsausdruck an, der ein neues Geheimnis ankündigte.

»Manchmal brauchen unsere Gedanken allerdings eine Medizin, damit wir Samen pflanzen können, die Gewünschtes entstehen lassen. Ich nenne das die Wort-Medizin. Sie kommt aus unserer inneren Apotheke.«

»Wörter konnten Medizin sein?«, überlegte Kobi und lauschte weiter.

»Worte und Zauber waren einst dasselbe. Worte haben eine große, magische Kraft und bei der Wort-Medizin nutzt du diese, indem du heilende Zauberworte wiederholst«, erklärte Kalea.

»Die Wiederholung der Zauberworte führt zu einer neuen Wirklichkeit. Und wenn du die Samen regelmäßig gießt, also deine Wort-Medizin täglich einnimmst, entwickelst du einen Muskel im Geist, der wachsen und an Stärke gewinnen wird. Weißt du, Kobi«, ergänzte sie und ihre Stimme wurde leiser, »ein schläfriger Geist erreicht nicht viel. Ein wacher dagegen macht sich für Wunder bereit.«

Nun wollte Kobi es aber genau wissen: »Wie könnten denn meine Zauberworte lauten?«

Kalea überlegte, bevor sie Kobi ihre Ideen vorschlug. Einleitend sagte sie: »Verändere die Zauberworte so, dass sie für dich passen. Dein Körper wird spüren, welche Worte Medizin für dich sind. Versuche einmal die folgenden:

Ich schenke mir die Freiheit, das Schönste zu leben.«

Die Worte kribbelten nur so durch Kobis ganzen Körper. Keinen einzigen Buchstaben wollte sie daran verändern. »Das heißt es also, aus der Zukunft der Träume zu leben«, dachte sie erstaunt.

Kalea erklärte weiter: »Du kannst die Zauberworte laut aussprechen, flüstern oder stumm rezitieren. Selbst zwitschern könntest du sie«, fügte sie schmunzelnd hinzu. »Das Wichtigste ist jedoch, die Medizin täglich einzunehmen. Von deiner Zuverlässigkeit hängt es ab, was wachsen wird.«

Kobi verstand, dass Gedankensamen dieselbe Pflege brauchten wie jedes echte Saatkorn, um gedeihen zu können. Sie war entschlossen, eine gewissenhafte Gärtnerin zu werden.

Tief im Inneren wusste sie, dass sie ihre Gedanken als Laternen beobachten würde und allmählich den fliegenden Teppich führen und in eine neue Welt fliegen würde.

Kobi hatte so viel Wertvolles auf dem inneren Kontinent der Gedanken entdecken können. Kalea aber lag noch etwas am Herzen. Deshalb weckte sie Kobis Neugierde erneut: »Halten wir fest: Gedanken erschaffen Formen. Eine Form ist eine Folge eines Gedankens. Also: Wo liegt der Ursprung aller Formen?«

Ohne Kobis Antwort abzuwarten, sprach sie in ungewöhnlichem Temperament weiter:

»Ich glaube, dass es eine Farm der Formen gibt!

Die Farm ist allerdings kein Ort; du erinnerst dich: Es gibt kein Dort!

Und doch existiert eine Heimat aller Formen, aller Wesen.«

Sie wurde nachdenklich. »Wir können aber den Kontakt zur Farm verlieren, als Vagabunden umherirren, Wanderer ohne Heimat sein und ein Leben fristen, das von Heimweh befallen ist.«

Ihre übliche Gleichmut wich abermals einer Leidenschaft, die Kobi überraschte. »Ich glaube, dass die Farm so etwas wie eine *erste Welt* ist – jenseits von Raum und Zeit. Sie ruht in der Ewigkeit. Und doch scheint sie Komponist und Dirigent aller Welten zu sein. Vielleicht handelt es sich um eine Existenz, die weder Form noch Farbe hat und doch bereit ist, jede Form und Farbe anzunehmen.«

Kalea schwieg kurz und fuhr dann fort: »Und genau das ist die *zweite Welt* – eine Wirklichkeit, die in Raum und Zeit entfaltet ist, Realität in Form gehüllt.

Hier befinden wir uns.

Und doch …« Kalea hielt inne, bevor sie weitersprach: »… sind wir Wesen beider Welten, die in Wahrheit eine ist.«

Ihr Eifer verebbte und voller Melancholie flüsterte sie: »Wir sind Geschöpfe, gewoben in ein Netz aus Raum und Zeit, und zugleich der Funke, der die Farm in sich trägt. Von ihr sind wir hierher geweht und oft von einer seltsamen Sehnsucht benetzt: Formen, die sich an die Farm erinnern.«

Ein feiner Schauer rieselte durch Kobis Körper. Seltsamerweise fiel ihr plötzlich ein Satz ein, der vor langer Zeit eines Nachts aus dem Nichts zu ihr gekommen war: »Das, wonach du dich sehnst, sehnt sich auch nach dir.«

»Das würde bedeuten«, überfiel sie die Einsicht, »dass auch die Farm Ausschau nach mir hält und mich sucht, genauso wie ich sie.«

Da wunderte sich Kobi, wie sie sich jemals hatte einsam fühlen können. Es existierte eine tiefgründige Anwesenheit, die mit einer Kraft am Werk war, die alles Irdische überstieg. Die ganze Zeit über spannte sie ein magisches Band zwischen ihren Formen und ihr, der verborgenen Welt.

Mit weicher Stimme hörte sie Kalea in dieser Sekunde sagen: »Wir können in beiden Welten leben: in einem Wunder!«

Kobi fühlte sich wie eine Archäologin, die einen unendlich lange vergrabenen Schatz gefunden hatte. Obwohl diese Vorstellungswelten völlig unbekanntes Terrain für sie waren, war ihr, als würde gerade uraltes Wissen ans Licht kommen.

»Das heißt«, fasste sie zusammen, um sicherzugehen, dass sie sich auf der richtigen Spur befand, »wir müssen die Herrschaft unserer Gedanken, das Geschwätz des Affen-Geistes entmachten und Gärtner werden, die Samen säen, die zu Frieden und Freude führen?«

»Ja, Kobi, genau dann überschreiten wir die Brücke und wandern in das Feld der Farm. Dies ist ein Reich von hoher Schwingung. Ich möchte nicht pathetisch klingen, deshalb mache ich es kurz: Es hat mit Liebe zu tun. Dort einzutreten bedeutet, in Frieden und Liebe zu sein und sich vom Willen der Farm führen zu lassen.

Dann kann der Tanz der Wunder beginnen zwischen kleinem und großem Sein, und die Farm und ihre flutende Fülle fließen in die Welt der Formen ein.

Weißt du, Kobi, wir sind nicht nur Sternenstaub, der Form geworden ist. Wir sind auch das Sternentor, an dem sich Farm und Form verbinden. Gemeinsam lassen wir neue Welten entstehen.«

Kobi erinnerte sich an Augenblicke in ihrem Leben, in denen sie von einem unerklärlichen Zauber berührt gewesen war.

Die heimlichen Flüge damals hatten zu solchen Wundermomenten gehört, in denen sie von einem Glück beseelt gewesen war, das sie im Tiefsten ergriffen hatte.

In der Weite des Himmels waren Erinnerungen an die Vergangenheit mit dem Morgen und seinen unendlichen Möglichkeiten verschmolzen. Im traumversunkenen Flug hatte sie das Ewige im Vergänglichen hindurchschimmern sehen, von keinem Gedanken gestört.

»Erst wenn wir die Welt unserer Gedanken befreit haben, machen wir uns für Wunder bereit«, flüsterte sie zu sich selbst. »Die Farm verwirklicht ihren mysteriösen Traum durch uns«, begriff sie. Ein Lächeln huschte über ihr Gesicht.

Eines wusste sie genau: Sie würde nie mehr aufhören, Entdeckerin zu sein – und ein Leben führen, das von metaphysischer Glut beseelt war.

5

NICHT WENIGER ALS ALLES

»Am Ende …«, Kalea leitete ihren Satz auf eine Weise ein, die Kobi augenblicklich ihren Schnabel aus der Blüte ziehen ließ, »… geht es darum, wie wir uns fühlen. Die Schönheit unseres Lebens hängt von unseren Gefühlen ab.«

Kalea nahm Kurs auf das Empfindlichste. Sie tat dies unvermittelt, als läge Abschied in der Luft, als wolle sie unbedingt einen Kreis schließen.

Kobis Herz war sogleich von Melancholie erfüllt. Vorsichtig tastete es die Stimmung ab, in der Kalea sprach. Gleichzeitig war sie neugierig: »Was hatte Kalea nur im Sinn? Mit welcher Schatzsuche würde sie nun überraschen?« Kobi wusste nicht, welcher Spur sie folgen wollte: der Wehmut oder dem Wissensdurst.

»Gefühle«, wiederholte sie zögernd in ihrem Inneren. Empfindungen in ihrem Körper und ja, selbst die Welt der Gedanken hatten etwas Festes, eine Art Geometrie, etwas, das man orten konnte. Aber nun ging es um eine Sphäre, die ihr oft Angst einjagte und Schrecken verbreitete. Denn Gefühle waren für Kobi unberechenbar. Sie konnten wie Schwarze Löcher sein, die sie in die Tiefen der Finsternis zogen, sie den Boden unter den Füßen verlieren, sie im Nichts des Dunklen versinken ließen.

Gleichzeitig waren Gefühle mächtige Wegbegleiter, die es vermochten, das Dasein zu versüßen und den Himmel auf die Erde zu bringen.

Kalea lächelte Kobi zu und kramte dann nach dem Kompass neben sich. Er lag eingebuddelt im Nirgendwo. Aber für

Kalea, als wäre sie ein lebendiger Seismograf, war er augenblicklich auffindbar. Jedes Mal war Kobi aufgeregt: Worauf würde der Kompass wohl zeigen? Heute wusste sie es sofort. Es war das schwierigste Gelände ihrer inneren Welt und sie hoffte, sie würde sich irren und der Kompass einen anderen Kurs vorschlagen.

Der Kompass hatte durchaus eine Ader für Theatralik. Er spielte geradezu mit seinem Pfeil und dem Ungewissen. Und es bereitete ihm Freude. Seine Nadel hüpfte regelrecht, blieb kurz stehen, um sich gleich wieder davonzustehlen und dann unerwartet wieder aufzutauchen und flugs mehrere Umdrehungen hintereinander zu vollführen. Nachdem er aber vermutlich selbst ein wenig von seinem Tanz erschöpft war, blieb der Pfeil stehen.

Kobi starrte auf den Kompassboden. Auf weißem Grund lugten erste Farbtupfer hervor, die sich zunehmend in Form vollendeten. Eine Schrift wurde sichtbar.

Der Pfeil zeigte auf *Die Welt der Gefühle*.

Enttäuschung, Aufregung, Angst – alles auf einmal überkam Kobi.

Enttäuschung, weil sie so gehofft hatte, der Kompass würde dieses Gebiet umsegeln. Er hatte sie nicht erhört.

Aufregung, weil sie wusste, dass Kalea recht hatte: Am Ende hing alles davon ab, wie wir uns fühlen. Aber war das zu beeinflussen?

Angst, weil es um alles ging: um das Schönste und um das Schrecklichste – es ging um den Himmel und die Hölle ... in ihr!

Kalea sah Kobi an, wie so oft. Sie sah Kobis Zartheit, ihre Dünnhäutigkeit. Die Federn, so lichtdurchlässig, selbst die Haut darunter war kaum mehr als ein Hauch von nichts. Ihre Augen spiegelten den Blick der Unschuld. Was auch immer Kobi in ihrem alten Leben, im Vogeldorf, erfahren hatte, sie schien ihre Treue zur Farm bewahrt zu haben. Vielleicht hatte sie sich angepasst, aber verloren hatte sie sich nicht. Dafür hatten ihre dünne Haut und ihr seraphisches Wesen gesorgt.

Kalea wusste, sie musste behutsam vorgehen. Denn nun würden die beiden den brisantesten Breitengrad der inneren Welt erreichen. Der Körper war manifest und dadurch ein Gelände, das leichter zu bereisen war. Der Kosmos der Gedanken konnte in das Licht der Sprache gebracht werden und seinen Zauber durch Worte mit magischen Kräften entfalten.

Jetzt aber erzählte die Seele, und das weite Land der Unsichtbarkeit war der nächste Punkt auf ihrer Reiseroute. Ohne Boden, ohne Netz.

Was es nun brauchte, war Mut. Nicht den eines Helden – es ging um weit mehr: um die Courage eines fühlenden Wesens.

Ein erfülltes Leben zu führen, ein Leben aus vollem

Herzen, forderte den Mut, auch die eigene Verwundbarkeit in die Arme zu schließen. Berührbar für das höchste Glück zu sein, schloss die Verletzlichkeit ein, das tiefste Leid willkommen zu heißen.

In der Welt der Gefühle ging es um nicht weniger als darum, *alles* zu erleben. Das war das Bekenntnis, das ein Leben in Lebendigkeit forderte, damit es nicht lauwarm blieb und am Ende auf leisen Sohlen vorüberzog und geräuschlos verstrich.

Mut.

»Vor langer Zeit«, begann Kalea, »haben viele Wesen aufgehört, sich als Seele zu erkennen. Stattdessen glaubten sie, sie seien nichts als Formen dieser Welt. Doch es gibt eine Wendeltreppe von überweltlichem Ausmaß, die von den Formen zur Farm führt. Man muss allerdings, um sie zu erkennen, im Besitz der inneren Augen sein.«

Kobis Herz begann, schneller zu schlagen.

»Die mächtige Treppe«, setzte Kalea fort, »besteht aus unendlich vielen Stufen. Jede einzelne von ihnen ist ein vibrierendes Feld reiner Energie – das wir als Gefühl erleben!

Trotz ihrer unzählbaren Menge bestehen die Stufen im Wesentlichen nur aus drei Farben – mit unterschiedlichen Nuancen. Sie changieren von Schwarz zu Grisallien bis sie sich zum Weiß und schließlich reinem Licht erheben.

Beginnen wir in der Tiefe.

Die Stufen der unteren Ebenen sind rabenschwarz und spiegelglatt. Sie geben wenig Halt. Man muss sehr vorsichtig auf ihnen sein, um nicht zu fallen. Sie verfügen über immense Wirkmächte und doch schwächen sie denjenigen, der auf ihnen steht.

Was diesen Stufen fehlt, ist Licht, das ihr düsteres Parterre erhellt. Und du wirst sehen, Kobi,« Kalea machte eine Denkpause, »wir selbst sind die Lichtträger, die ihnen die Fackel bringen. Aber dazu später! Lass uns erst die Treppe näher kennenlernen.«

Kobi lauschte und sah die unendlich lange Wendeltreppe deutlich vor ihrem inneren Auge. Sie führte in schwindelerregender Höhe zu einem lichtdurchfluteten Schloss, das auf einem hohen Berg thronte. Es war dem Himmel so nahe, dass man es nur noch vage erahnen konnte, und doch funkelte ein glühendes Licht aus ihm heraus und ließ die Zinnen und Türme und den gesamten prächtigen Bau in hellem Glanze leuchten. Beinahe durchsichtig schwebte es nah bei den Sternen.

Wie konnte dieses Reich plötzlich in ihr erscheinen? Kobi hatte keine Erklärung dafür. Fast war ihr zumute, als würde Kalea ohne Worte, nur noch im Geiste mit ihr kommunizieren und dieses Schloss in ihr entstehen lassen. »Aber wie das? Das konnte nicht sein«, verwarf sie die Idee schnell und ließ sich weiter fallen in die Anmut dieser Erscheinung, die so fremdartig und wundervoll war, wie sie es sich nie hätte erträumen können.

Dann sah Kobi die ganze Treppe.

Die mystische Wendeltreppe war gebaut aus Nacht und Licht. Ihre tiefsten Zonen aus Schwarz verdünnten sich auf immer höher werdenden Stufen in Grisaillen, die weiter oben zum Turm aus dem in Weiß geborenen Licht schimmerten.

»Schau genau hin, Kobi«, holte Kalea sie in die Gegenwart zurück. »Was siehst du ungefähr in der Mitte der Treppe?«

Kobi strich sich mit einem Flügel über ihre Augen, als würde sie den Staub jeglicher Begrenzungen hinfort wischen. Ja, eine Stufe stellte einen Übergang dar: Nach all den finsteren Zonen schwebte diese Stufe beinahe vorwitzig hervor. Sie verließ eigenmächtig das Gewässer aus Grau und äugte der Welt mit Helligkeit entgegen, als habe sie alle Schatten abgelegt. Sie bekannte buchstäblich Farbe und wechselte nach den Nuancen der Nacht in ein Weiß, das der Gischt des Meeres glich: frisch, unerschrocken, voller Tatenkraft.

Diese Stufe stellte einen Beginn dar, als würde sich die Treppe an dieser Stelle häuten, aufklaren, das Nebelhafte verlassen und stattdessen in der Hingabe zum Weiß und zum Licht aufgehen. Von hier an wurde jede Stufe heller und heller, bis sich die obersten zu reinstem Licht erhoben. Allein der Anblick genügte, um Kobis Herz leicht wie eine Feder werden zu lassen und es mit einer unerklärlichen Freude zu füllen.

»Jede der Stufen ist ein mächtiges Energiefeld«, fuhr Kalea fort, »mit einem jeweils eigenen Gefühl. Aber nicht nur das! Stehst du auf einer der Stufen, geschieht etwas Unglaubliches: Das Gefühl der Stufe färbt seine gesamte Umgebung ein, und eine eigene Welt entfaltet sich auf ihr. Die Felder sind so machtvoll, dass sie die komplette Wahrnehmung beherrschen. Alles, was man auf der Stufe erlebt, bis ins tiefste Körperinnere, und genauso in den Blick auf das Leben, erscheint passend zu ihrer Welt.«

Kobi hielt den Atem an. Denn nun ergab vieles auf einmal einen Sinn. Je nachdem, von welchem Gefühl sie durchdrungen war, eröffnete sich ein Weltengebäude in ihr. Wenn sie traurig war, war das, was sie wahrnahm, eine Welt, in der es überall Tragisches zu beobachten gab, in der sie viel bedauerte und sich verzagt und mutlos fühlte – vom Leben verlassen und einsam. Dagegen war die Welt, wenn sie ihre geheimen Flüge in der Weite des Himmels unternahm, eine andere: eine, die von Frieden beseelt war und sie mit Glückstiefe erfüllte. Dann fühlte sie sich verbunden und eins mit dem Leben. Sie überlegte, ob es wohl eine Stufe gab, auf der sie sich häufig befand, kam aber nicht mehr dazu, dieser Frage zu folgen, da Kalea weitersprach und Kobi kein Wort verpassen wollte.

»Wir können die Themen einer Stufe nie auf ihr stehend lösen«, erklärte Kalea weiter, »sondern nur von den nächsthöheren. Daher ist es wichtig, die Treppe empor zu steigen. Die höheren Stufen sorgen dafür, dass die Themen der unteren überwunden werden können. Und apropos aufsteigen: Ich möchte dir noch von den Alchemisten erzählen.«

Kobi hatte von den Altvorderen im Vogeldorf schon von ihnen gehört. Der Überlieferung zufolge suchten die Alchemisten nach einem magischen Stein der Weisen, um mit seiner Hilfe Blei in Gold zu verwandeln, berichtete sie Kalea.

»Ja, aber noch viel entscheidender ist«, erwiderte die, »dass die Alchemisten ihre Gefühle wandeln konnten: von Blei zu Gold, also von Trauer zu Freude.«

»Wie ist ihnen das gelungen?« Gefühle zu verwandeln, stellte sich Kobi unmöglich vor bei der Wucht und Macht, über die sie verfügten.

»Ich vermute«, Kalea kräuselte ihre ohnehin runzelige Stirn in noch tiefere Falten, »dass solche Verwandlungen drei Elixiere benötigen.«

»Welche sind das?«, schoss die Frage blitzartig aus Kobi heraus.

Kalea lächelte sie an: »Das erste Elixier ist eine Erkenntnis. Willst du sie entdecken, geh noch einmal zurück zur Wendeltreppe. Ich hatte dich vorhin gefragt, was du ungefähr auf ihrer Mitte siehst.«

»Ich erinnere mich genau«, sagte Kobi. »Da war diese eine Stufe, die die Gefilde der Schwarz- und Grautöne beendete und in einem Weiß, wie das von Meeresgischt, nur so schäumte.«

Kalea nickte: »Ja! Das, Kobi, ist die Stufe des Mutes. Die Alchemie – Stimmungen unseres Daseins zu verwandeln – benötigt Mut.

Die Erkenntnis und das Wissen darum ist das erste Elixier.«

Kalea senkte ihre Stimme: »Du benötigst Mut, um die Aufmerksamkeit auf das zu richten, was du wirklich fühlst. Das mag einfach klingen – und doch ist es so schwer.

Halbherzige Anwesenheit und Ablenkungen erlauben es lediglich, Bruchstücke von Gefühlen zu empfinden. Und wenn Gefühle bedrohlich werden und uns emotionale Tsunamis überfluten, dann betäuben wir meist unsere Gefühle oder ersticken sie sogar. So entsteht Stück für Stück Entfremdung in uns: Heimweh.

Es braucht Mut, dein Erleben so zu lassen, wie es ist.«

Kaleas Augen funkelten. »Ab dem Moment, in dem du die Stufe des Mutes betrittst, verändert sich alles. Du steigst zu höheren Ebenen des Lebens auf, lässt sterbliche Gedanken und Stimmungen hinter dir. Mit der Stufe des Mutes ist die magische Schwelle überschritten. Und höhere Stufen werden möglich. Auf ihnen öffnet die Farm ihre goldenen Tore und gewährt Einlass zu ihren Feldern: zu Gleichmut, Liebe, Freude und einem Frieden, der das Königreich des Himmels auf die Erde zu bringen vermag.«

Kobi horchte auf. »Mut«, dachte sie, »ist nicht gerade meine stärkste Tugend«, aber Kaleas folgende Worte beruhigen sie.

»Mut ist uns nicht angeboren. Er wird uns nicht geschenkt. Erst wenn wir mutig handeln, wächst er durch sich selbst zu Leben heran. Mut bedeutet nicht, keine Furcht zu kennen. Weißt du, Kobi, der wahrhaft Mutige fühlt die Angst. Aber er lässt sich von ihr nicht lähmen, sondern nutzt sie, um wachsam im Wagnis zu sein.«

Nach einer kurzen Pause fuhr sie fort: »Der Mutige ist bereit, seinen eigenen Weg zu gehen. Dies mag wohl zur größten Stärke dieser Stufe zählen: zu sich selbst zu stehen in einer Welt, die Anpassung und manchmal sogar Unterwerfung als Maximen des Daseins erklären.«

Kalea wurde leiser: »Auf die Welt zu kommen, ist mehr, als geboren zu werden. Sein ganzes Licht scheinen zu lassen, sich nicht im Versteck einer zurückgehaltenen Existenz aufzuhalten, erfordert Mut. Ein erfülltes, reiches Leben verlangt Hingabe: an das Leben mit *all* seinen Gefühlen.«

Da rannen Tränen über Kobis Gesicht. Völlig unerwartet tauchten Erinnerungsfetzen aus dem Vogeldorf in ihr auf, in denen sie mutig ihre Wahrheit ausgesprochen hatte. Sie hatte sie stets in Watte gehüllt, da sie beobachtet hatte, wie viele Dorfbewohner Bestrafungen fürchten mussten, wenn sie kühn ihre Meinung sagten, die abwich von der der einflussreichen Dorfvorsteher.

»Ich hatte oft Angst«, stieß Kobi hervor und ihre Tränen wollten nicht versiegen. Kalea ließ sie weinen, sie im Innersten verstehend.

»Der Himmel braucht den Regen, um loszulassen, und wir unsere Tränen«, dachte sie und gab Kobi Zeit, ihren Schmerz zu betrauern und zu beruhigen.

Als Kobi wieder Ruhe in sich verspürte, räusperte sich Kalea. Auch wenn sie nicht genau wusste, welche Erinnerungen Kobi durchlebt hatte, ahnte sie doch, dass es etwas Zeitloses darin gab.

»Ich glaube, was dir Angst gemacht hat, ist deine Freiheit; deine unbegrenzten Möglichkeiten, wie du der Welt antworten kannst. Aber ohne das Geschenk der Wahl wärst du nicht angsterfüllt, du wärst verzweifelt! Und Verzweiflung befindet sich auf der Treppe noch weit, weit unterhalb der Angst; sie liegt in tiefster Finsternis begraben.«

Kalea bekräftigte Kobi: »Es ist in Ordnung, Angst zu empfinden. Sie hält uns wach für das Risiko. Aber wir brauchen nicht auf ihrer Stufe stehen zu bleiben. Wir können uns jederzeit zu Mut erheben. Denk daran: Allein die Kenntnis der Stufe ist bereits das Elixier, das Gefühle verwandelt.«

Kobi dachte laut nach: »Wenn Mut damit beginnt, mir zu erlauben, zu fühlen, was ich fühle, ja, so möchte ich genau das lernen.« Ihre Worte klangen wie ein Schwur.

Kalea nickte. »Gut«, antwortete sie, und ihr Blick verriet Stolz auf Kobi. »Möchtest du das Gefühl, das deine Tränen auslöste, näher kennenlernen? Bist du bereit dafür?«

Kobi bejahte mit einer aufrichtigen Verbeugung.

»Schließ deine Augen und wende deinen Blick nach innen. Nimm einige bewusste Atemzüge.« Kalea ließ Kobi in Ruhe in ihrem Körper ankommen. Dann erst sprach sie weiter und schenkte jeder Frage die Zeit, die ihre Antwort brauchen würde:

»Wo in deinem Körper lebt dieses Gefühl, das da gerade geweint hat?

Wie ist der Stoff, aus dem es gewebt ist? Rau, kratzig? Fest oder weich, diffus oder klar? Angespannt, stechend oder formlos und glatt?

Wäre es ein inneres Wetter, wie wäre es: neblig, eisig, gewittrig, trüb? Oder vielleicht sonnig, windig, schattig, wolkig?

Ist es ein vertrautes Gefühl oder ein dir unbekanntes?

Bleibt es gleich? Oder verändert es sich?

Versuche ganz nah am Gefühl zu bleiben. Falls sich *Hoppalas* dazwischen drängen, bitte sie für einen Moment zur Seite, damit sich die Energie deiner Gefühle wieder ungehindert bewegen kann. Gib ihnen den Weg frei, so gut es geht.«

Kobi tauchte tief in ihren Innenraum. Zu Beginn war da diese klaustrophobische Enge. Immer wieder blitzten Bilder wie Gespenster aus ihrer Vergangenheit auf. Aber sie kehrte stets zurück zum Körper des Gefühls. Überrascht stellte sie fest: »Da gab es etwas, das vor den Worten stattfand. Beinahe so, als ob ich die Sterne beobachte: Lange bevor ich den Morgenstern erkenne, schaue ich nur in sein wundersames Schimmern. Und kaum weiß ich, dass er der Morgenstern ist, verflüchtigt sich mein Staunen. So ist es auch mit der Natur von Gefühlen. Sie lassen sich nicht fangen. Sobald ich es versuchte, würde sich ihr Zauber zurückziehen.«

Gefühle brauchten das höchste Feingefühl, um mit ihnen in Berührung zu sein, wurde Kobi klar. Sie bemerkte, dass sich

Gefühle veränderten und jedes eine eigene Melodie besaß, die begann, sich erhob und schließlich zu einem Ende kam.

Gefühle waren fluide Wesen, die sich selbst verwandelten. Keines blieb als das, als was es gekommen war. Ja, selbst wenn schmerzhafte Empfindungen aufmarschierten, nahm Kobis Gewahrsein ihnen die Dornen. Der Trauer nachzuspüren, die in ihren Tränen weinte, war gar nicht so furchteinflößend, wie sie gedacht hatte. Sich einem Gefühl vorsichtig zu nähern, hatte im Gegenteil etwas zutiefst Erlösendes. Und langsam, aber unaufhaltsam entstand ein zartes Band zwischen Kobi und ihren Gefühlen.

Kalea führte wie beiläufig das zweite Elixier ein:

»Und nun leg deine Flügel auf dein Herz und atme tief in es hinein. Fühle, wie es für dich schlägt.«

Das hatte Kobi noch nie getan. Sie kannte ihre Flügel als Schwestern, die sie fliegen ließen. Aber dass sie mit ihnen sogar hören konnte bis tief in ihr Inneres, war ihr unbekannt. Während Kobi das Pochen ihres Herzens unter den Flügeln spürte – so fein, zurückhaltend und doch seit Beginn an in höchster Loyalität für sie schlagend –, taute allmählich etwas in ihr.

Kalea sprach weiter:

»Und nun frag dein Gefühl, das in den Tränen weinte:
Was würdest du sagen, wenn du sprechen könntest?
Was denkst du über das Leben und dich?
Was ist so schmerzhaft für dich?

Was kann ich dir geben? Oder was brauchst du von einer höheren Quelle? Was wünschst du dir?«

Und Kobi empfing Antworten, die ihr Herz ihr sandte. Eine unendliche Milde stellte sich ein, so groß wie ein Übermaß von grenzenlosem inneren Raum. Hier im Herzen lebten Wahrheit und Schönheit. Nur in der Weisheit des Herzens würde das Leben Erfüllung finden, wusste sie nun und schloss noch inniger ihre Augen.

Kalea hegte einen weiteren Wunsch: Sie wollte Kobi Zaubersätze schenken, die in ihrer Familie von einer Generation an die nächste weitergegeben wurden, über viele Jahrhunderte schon, und so lud sie Kobi ein:

»Kobi, stell dir ein geliebtes Wesen aus deinem Leben vor, das leidet.

Nun sendest du Wünsche zu ihm.«

Kobi musste nicht lange überlegen. Sofort dachte sie an ihren engsten Freund im Vogeldorf, ihren Weggefährten.

»Sprich im Geiste die folgenden Sätze.« Kalea gab Satz für Satz vor:

»Mögest du glücklich sein.

Mögest du sicher sein.

Mögest du gesund sein.

Mögest du mit Leichtigkeit durchs Leben gehen.«

Kobi lächelte. Wahrlich, welchen Zauber diese Worte hatten, wie erhebend es war, einem Freund die Kraft dieser Wünsche zu senden!

»Und jetzt, Kobi«, setzte Kalea fort, »sieh dich selbst vor deinem inneren Auge.

Lass deine Flügel auf deinem Herzen. Nun sende dir selbst die magischen Worte:

Möge ich glücklich sein.
Möge ich sicher sein.
Möge ich gesund sein.
Möge ich mit Leichtigkeit durchs Leben gehen.«

Kobi fühlte für viele Freunde im Vogeldorf mit. Aber sich selbst ein Gefühl von Freundlichkeit zu schenken, war ihr bis eben fremd gewesen. Und jetzt … jetzt war ihr, als würden eiserne Ketten vor ihrem Herzen zerfließen. War es das Blei, das schmolz? War es das Gold, das sie schimmern sah?

Kobi hatte einen weiteren Schatz in sich gefunden: »Vielleicht«, dachte sie, »war es so etwas wie Güte, die in allem und jedem einen verborgenen Schatz erkannte. Und das schließt mich überraschenderweise ebenso mit ein.«

Jedwede Angst und Enge verschwanden. In ihr existierte genug Raum, um allen Gefühlen, auch den dunklen, eine Heimat zu geben.

»Ja, wir waren im Inneren so viel größer, als die Welt im Außen je sein konnte«, erinnerte sie sich an Kaleas Worte. Es mutete fast etwas unheimlich an, wie sich Gefühle durch die Kraft von Güte verwandelten. Kobi besaß von jeher ein großes Herz, aber nun erfuhr sie die Grenzenlosigkeit darin.

Sie erkannte: »Ganz gleich, wie lange auf den unteren Stockwerken Dunkelheit herrschte, selbst wenn sie schon ein Leben lang andauerte – in der zeitlosen Zeit spielte das keine Rolle. Eine Fackel genügte, und es wurde hell im Gewölbe.

Das war das Licht des Mitgefühls.«

In seinem Glanz spiegelte sich weitere Erkenntnis für Kobi. Es ging im Leben nie darum, ihren Wert zu beweisen, indem sie sich stets abmühte, wie sie es früher geglaubt hatte. Der Zutritt in das Gold unseres Daseins wurde nicht über Leistung gewährt. Nein, im Gegenteil: Es waren angeborene Seelenqualitäten und das Mitgefühl war eine davon – eine Mitgift, die die Farm bestversteckt in unseren Herzen eingepflanzt hatte. Dieser Entdeckung verdankte Kobi es, in das Reich einer tief verwurzelten Würde zu gelangen.

Hier lag das Gold versteckt.

Am liebsten wäre Kobi ewig verweilt in dieser inneren Geborgenheit, die ihr Halt gab. Hier lag ihr Zuhause verborgen, der heilige innere Ort, an dem alles gut war, genau so wie es war.

Kalea sah Kobi an. Als würde sie die letzte Seite eines Kapitels aufschlagen, sagte sie noch: »Das also, Kobi, war das zweite Elixier:

Mitgefühl, für andere Wesen und genauso für dich selbst.

Mitgefühl für dich vermag den Lauf deines Lebens zu verwandeln und Mitgefühl für andere sogar den Gang der Geschichte.«

Beide schwiegen eine ganze Weile.

Dann sprach Kalea mit nachdenklichem Blick weiter: »Ich glaube, es ist unmöglich, sich nie auf den unteren Stockwerken zu befinden. Gefühle sind von kraftvoller Natur, und wir können das Wilde nicht kontrollieren oder gar zähmen. Aber wir können die Freiheit der Gefühle respektieren und eine fürsorgliche Beziehung zu ihnen pflegen.

Weißt du, Leiden bedeutet nicht, von den oberen Stockwerken der magischen Treppe ausgeschlossen zu sein. Denn sie existieren die ganze Zeit. Momente des Glücks bedeuten ebenso wenig, die Nacht und das Grau der unteren Stufen zu leugnen. Der Weg zu einem vollen Leben umfasst alle Stufen und Farbnuancen unserer Lebenserfahrung.«

Sie zwinkerte Kobi zu. »Und wenn es uns einmal nicht gelingt, das Licht des Mitgefühls zu entzünden, reicht der Wunsch dazu aus. Du hast die uralte Zauberformel kennengelernt: Es handelt sich um Sätze von großer Stärke. Unterschätze nie die Kraft der Wünsche!«, beendete Kalea ihr Kapitel über das zweite Elixier.

Kobi schloss ihre Augen. Sie wollte das Erlebte im Geiste noch einmal durchwandern. Aber ehe sie sich versah, versank sie in einem Tagtraum.

Sie sah dramatische Wolkenformationen über sich vorüberziehen. Gleichzeitig erkannte sie, wie der Himmel über ihnen unberührt blieb und von unsichtbaren Mächten in seiner Weite gehalten war. Sie sah Berge von rauer Schönheit, majestätische Kathedralen, von Eis bedeckt und von Stürmen umweht. Und doch ruhten sie unumstößlich – ganz gleich, was ihnen im Außen geschah. Sie blickte auf die Wildheit der brausenden Wellen des Ozeans. Zugleich sah sie in die Stille seiner Tiefe, die unabhängig vom Tosen an der Oberfläche existierte. Wie Wolken, Winde oder Wellen – so voller Bewegung waren auch Gefühle, träumte sie. Aber das Gold war sicher in der Tiefe ihres Herzen versteckt. Es blieb unbeschadet und frei, egal, was sie erlebte.

Als Kobi aus ihrem Tagtraum zurückkehrte, hatte sie einen ersten Vorgeschmack der Freude bekommen, und erzählte Kalea von all dem, was sie gesehen hatte.

Kalea nickte ihr wissend zu und nahm Kobis Gefühl der Freude dankbar auf. Sie hatte schon das dritte Elixier im Sinn und verlor keine Zeit, es Kobi nahezubringen.

»Bevor ich es vergesse …« – dabei vergaß sie nie etwas – »ich glaube, dass Glück und Freude zwei unterschiedliche Stufen sind.«

Kobi plusterte kurz ihre Federn auf, um hellwach zu werden, und hörte Kalea dann aufmerksam zu.

»Um ehrlich zu sein: Ich glaube, dass die Stufe der Freude weit oben beim Schloss zu finden ist. Das Glück mag hell sein. Doch ist es auf der magischen Wendeltreppe unterhalb der Freude. In der Alchemie der Gefühle ist es die Freude, die wesentlich ist.«

Kobi zögerte: »Was ist denn der Unterschied? Glücklich zu sein, stand doch auch in den Zaubersätzen!«

»Ja«, räumte Kalea ein, »glücklich zu sein, ist ein schöner Wunsch. Und eine hohe Stufe. Aber lass uns genauer schauen: Glück ist von äußeren Dingen abhängig, die Freude ist frei davon. Glück mag eine angenehme Laune sein. Die Freude dagegen ist beständig, denn sie trägt Dankbarkeit und Weisheit in sich. Daher ist sie eine Krönung für den Lebenserfahrenen. Glück kann einem geschehen, Freude entsteht aus sich selbst heraus. Vielleicht schöpft ihre Schönheit aus ihrer Unabhängigkeit von äußeren Geschehnissen. Und vielleicht müssen wir immer wieder in die Gefälle der Grautöne rutschen, um erneut zu den Wogen der Freude emporsteigen zu können.«

Kobi ließ die Worte in sich nachhallen. »Ja, da gab es wesentliche Unterschiede zwischen den beiden Gefühlen«, wurde ihr klar. Aber schon lauschte sie weiter Kalea, die erklärte:

»Freude ist etwas, das wir kultivieren können. Erneut müssen wir dazu die Bürde an Gewohnheiten ablegen. Denn zu Gefühlen, die wir häufig empfinden, entwickeln wir eine Abhängigkeit. Immer wieder auf bestimmten Stufen zu stehen, erscheint uns als vertrautes Terrain. Fatalerweise gehört es zur Wahrheit mancher Stufen, dass es gefährlich sein könnte, der Freude zu vertrauen. Solche Stufen lehren uns, auf die Angst zu hören, als würden wir dadurch Schutz und Sicherheit erlangen. Aber das Gegenteil ist der Fall. Das, was dich mit Freude erfüllt, Kobi, ist ein Wegweiser deines Herzens: Je mehr du dich der Farm näherst, desto mehr Freude wirst du spüren.«

»Je älter ich werde«, murmelte Kalea nachdenklich, »desto mehr hege ich die Vermutung, dass es manchmal nicht die großen Fragen sind, die die Welt braucht. Vielleicht ... nur vielleicht ... geht es vielmehr um die kleinen Fragen: Was erfüllt dich und mich mit Freude?

Möglicherweise ist es genau das, was die Welt braucht.«

Kalea ließ ihren Blick zu Boden sinken. Dann sah sie Kobi direkt an: »Wir können niemandem dienen, wenn wir auf den unteren Stufen leben. Es sind die Wesen, die in Freude sind, die hilfreich für die Welt sind.«

Freude.

Sie war das dritte Elixier und verwandelte Kobis Blick auf das Leben grundlegend.

»Erst wenn wir in das Licht gelangen, machen wir die Welt heller«, flüsterte ihre innere Stimme leise, aber mit vollem Ernst. Diese Eingebung erschien ihr plötzlich nicht mehr egoistisch oder weltfremd, sondern wie ein Bekenntnis, dass es die Freude war, die die Finsternis erhellen konnte und schließlich zum Schloss führen würde.

Ihr war durchaus klar, dass das Wandeln auf dem Weg der Freude ebenso bedeutete, sich immer wieder durch den Dschungel der Grauzonen zu schlagen und auch in schwierigen Zeiten Zutritt zu ihr zu suchen.

Kalea hatte einmal zu ihr gesagt: Solange es einen Grund brauchte, um Freude zu spüren, steckte man im Elend fest. Denn dann würde man sich in der Zukunft verirren und die Gegenwart verpassen. Freude lebte in der zeitlosen Zeit; nahe beim Schloss im Reich des Ewigen.

Kobi spürte einen Stich in ihrem Herzen, als wolle es sagen, wie sehr es in den letzten Jahren über den Verlust an Lebensfreude getrauert hatte. In Freude zu sein, bedeutete, das Herz freizulassen und in Verbundenheit mit seiner Wahrheit zu leben.

Und genau das nahm sich Kobi fest vor. Die Rückkehr zur Freude sollte künftig einen hohen Rang in ihrem Leben erhalten.

Der Tag flog nur so dahin. Wieder einmal war es die Blaue Stunde, die den Himmel nah zur Erde brachte. Kobi und Kalea lauschten der tiefen Farbe des Abends, als wäre das Indigo ein Konzert. Kobi sah zu den Sternen empor, die einer nach dem anderen auftauchten und den Himmel schmückten. Kaum sichtbar und doch von großer innerer Bewegung verneigte sie sich vor ihnen und sprach stumm:

»Ohne dass ich es wusste, warst du, mein Heimweh, all die Jahre mein Verbündeter und wirst es fortan bleiben.

Mein Heimweh, mein Kamerad: Der mir zuhauchte, als ich die Spur meines Lebens verlor, von mir selbst getrennt war und abgeschnitten von der Quelle, aus der ich bin.

Mein Heimweh, mein Kompass: Der mich führt, um in mein inneres Reich zu tauchen und hier den heiligen Ort meines Goldes zu berühren.

Mein Heimweh, mein Stern: Tief in der Wildnis meines Herzens verborgen, thront der Glanz meiner wahren Heimat. Ich komme von den fernen Sternen, bin euer Staub zu einer Form geschöpft. Mit deiner Sehnsucht baue ich Brücken zwischen den Welten von Formen und Farm.

Mein Heimweh, mein Schwur: Ich werde meinem Leben, meinen Träumen, die Treue halten.«

Heimweh war das Flüstern der Farm, eines Tages zu ihr zurückzukehren ... und vielleicht für die Zeit eines Lebens zwischen den Welten zu Hause zu sein.

6

JEDEM ABSCHIED WOHNT EIN ANFANG INNE

Eine eigenartige Atmosphäre schwelte schon den ganzen Tag in der Luft. Irgendetwas stimmte nicht! Kobi kehrte gerade von einem Blütenbesuch in die Bucht zurück und hielt Ausschau nach Kalea, konnte sie aber nirgendwo finden.

Es war nichts Ungewöhnliches, dass Kalea allein ihrer Wege ging. Früher oder später würden sich die beiden unter dem Titanen wiedersehen. Das wusste Kobi und doch ... etwas schien sie heute zu beunruhigen.

Ihr Blick, mehr noch ihr Herz, suchte Kalea, vermisste sie, witterte nach ihr.

Sie flog noch einmal los, drehte ihre Runden einem Falken gleich über der Bucht.

»War das Kalea? Dort, am Rande des Riffs?«

Obwohl Kobi ihre Freundin nun so gut kannte, sah Kalea, zumindest aus dieser Entfernung, verändert aus. Fast so, als sei ihr Panzer, der doch aus vollendeter fester Form bestand, niedergedrückt.

Kobi wurde mulmig bei diesem Anblick. Sie näherte sich langsam. Ihre Flügel schwirrten leise wie ein Sommerhauch, als sie zart und vorsichtig neben Kalea landete.

Die Schildkröte starrte aufs Meer, ohne etwas zu sagen.

Scheu suchten Kobis Augen Einlass in Kaleas, in ihre Mondaugen, wie nur sie welche besaß und in die Kobi an keinem Ort der Welt je wieder tauchen würde.

Sie sah den hauchdünnen Schleier über Kaleas Blick, der sich mehr und mehr zu einem See verdichtete und schließlich in Tränen zerfloss.

Kobis Herz setzte für Momente aus.

Und ohne eine Frage zu stellen, weinte auch sie.

Sie spürte: Es war der Abschied, der anklopfte.

Kobi war nicht in der Lage zu sprechen. Sie hätte ewig bei Kalea bleiben können, für immer und ewig in der Bucht mit ihr leben wollen.

Aber tief in ihrem Inneren wusste sie, dass das Buch des Lebens irgendwann ein nächstes Kapitel aufschlagen und zuvor dieses vollenden würde. Aber heute? Konnte sich so ein Tag nicht ankündigen, damit man sich allmählich mit ihm vertraut machte? Warum heute? Warum überhaupt?

Kalea unterbrach das Schweigen.

»Einmal im Jahr, Kobi, wenn die Sterne ein Bild zeichnen wie das der vergangenen Nächte, kehre ich in die Bucht meiner Geburt zurück.

Es wird eine lange Reise werden. Unsichtbare Kräfte werden mich begleiten und doch wird es anstrengend sein. Meine gesamte Familie wird sich in der Heimatbucht versammeln: die Lebenden genauso wie die Seelen der Verstorbenen und derer, die noch geboren werden. Es ist unser wichtigstes Fest, und ich muss mich auf den Weg machen, um rechtzeitig anzukommen.«

Sie räusperte sich kurz, ihre Stimme versagte ihr beinahe den Dienst: »Ich habe es schon viele Tage hinausgezögert, ... weil ... weil es mich schmerzt, Abschied von dir zu nehmen – und ohne dich zu sein.«

Kobi schluckte. Ihre Kehle war wie zugeschnürt.

»Ja, ich verstehe«, war alles, was sie sagen konnte.

Sie verstand es ja auch.

Die ganze Zeit über hatte sie gewusst, dass dieser Moment eines Tages kommen würde; und der Abschied hätte genauso gut auch sie als Erste aufrufen können.

Zwischen all den Tränen lächelte Kobi ihre Freundin an. »Nun hatte ich mich gerade der Freude hingegeben, beinahe einen Heiligen Gral aus ihr gemacht, und nun weine ich, und mir ist zumute, als würde mein Herz in Tausende Scherben zersplittern«, hauchte sie.

Manchen Wesen war es gegeben, sich mit Blicken, mit ihren Augen zu umarmen. Und die beiden schauten sich an und ließen einander lange nicht los.

Dieses Mal war es Kobi, die das Schweigen beendete: »Kalea, als ich abstürzte, nahezu tot am Boden lag, dachte ich, mein Leben sei zu Ende.

In Wahrheit war das der Moment, an dem es begann.

Der Absturz hat mein Leben gerettet.

Ich hätte nie gedacht, das eines Tages zu sagen.

Wohin auch immer ich jetzt fliegen werde, ich fliege mit meinem Stern.

Und wenn ich sein Leuchten spüre, wirst du bei mir sein. Für immer!«

Große dunkle Augen schauten sie an.

»Ja, für immer … wie schön es doch ist, Kobi, eine unsterbliche Seele zu sein und von der Ewigkeit zu wissen«, antwortete Kalea mit einem Lächeln.

»Wenn ich nach dem Fest zum Titanen zurückgekehrt bin, werde ich jeden Abend mit den Sternen lachen. Keine Entfernung könnte zu groß sein, sie nicht in Lichtgeschwindigkeit zu überwinden und dir im Geiste unsere Freude zu bringen. Lass dir das von einer Schildkröte gesagt sein!«

Da lächelten und weinten die beiden gleichzeitig.

Kalea ging direkt aufs Wasser zu.

Noch einmal drehte sie sich um. Ihr Blick offenbarte: Auch im Abschied konnte Freude liegen. Weil das Licht der Dankbarkeit gleißend hell aus dem Lebewohl emporschien.

Dann verschwand sie in den Wellen.

Aber da! Sie tauchte wieder und wieder auf! Kobi erhob sich augenblicklich und flog eine Weile auf Kaleas Weg. Die eine im Wasser, die andere im Himmel. Und ihre Blicke trafen sich unaufhörlich, wie ein unzertrennbares Band.

Kalea würde nie aufhören, für Zauber zu sorgen. Nicht einmal jetzt! Kobi traute ihren Augen nicht. Sie flog direkt über der Wasseroberfläche, ganz nah bei Kalea. Was sie jetzt sah, sah sie das allererste Mal:

Bisher hatte sie Kalea nur an Land erlebt, nie in der Welt des Meeres. Nun wurde sie Zeugin, wie das Nass Kalea *und* ihren Panzer verwandelte. Das Wasser zeichnete ihn nicht weich, im Gegenteil: Es lockte das Wunderwerk seiner Ornamente, seiner Konturen, seiner Kalligrafie in größter Deutlichkeit hervor. Jede Farbe, jedes Muster brach sich in den Spiegelungen des Lichts, und Kaleas Magie überstrahlte alles, was Kobi je an Wundersamen gesehen hatte. In unfassbarer Schönheit schwamm diese Schildkröte der Weite des Meeres entgegen.

Und abermals traute Kobi ihren Augen nicht. Ihr Staunen war so groß, dass sie beinahe vergaß, ihre Flügel zu bewegen. Denn Kalea schwamm in einer Schnelligkeit, die einem Kolibri in nichts nachstand.

Das war die größte Überraschung, die Kalea für Kobi bereitgehalten hatte.

Sie war in vielen Welten zu Hause.

Sie liebte die Langsamkeit und hatte sich ihr verschrieben. Das war ihre Widmung an das Leben. Genauso aber konnte sie ihren Körper im Mysterium des Wassers frei und schnell fließen lassen.

Dann tauchte sie in die Tiefe des Meeres, in das endlose Blau.

»Wer weiß«, lächelte Kobi und drehte ab in Richtung Strand, »… wer weiß, durch welches Wunder wir uns wiedersehen – in welcher all der möglichen Welten!«

Kobi nahm Abschied von der Bucht. Mit glänzenden Augen sah sie sich um, und ihr Herz umarmte diese Landschaft.

»Werde ich euch alle jemals wiedersehen?«, fragte sie die Blumen und Bäume, die ganze Bucht mit dem Blick der Großen Liebe. Das war er wohl: der Unterschied zwischen den Fragen und den Rätseln des Lebens. Fragen hatten Antworten, Rätsel nicht. Sie lebten im Labyrinth des Ungewissen.

»Bald werde ich wieder in der alten Welt sein,
aber mit einem neuen Leben.
Ich will und werde zwischen den Welten leben,
als Pfeil durch die Lüfte schießen,
mich von den Winden tragen lassen,
auf Wolken ausruhen
und von der Stille küssen lassen.
Meine Liebe zum Leben begann –
als ich das Land der Langsamkeit fand.«

Kobi ahnte bereits, was die meisten im Vogeldorf über sie sagen werden: »Ein Kolibri, der die Langsamkeit liebt, ist gescheitert! Und mit einem zitternden Flügel zurückzukehren, ist alles andere als ein Siegeszug!«

Aber ich werde ihnen antworten: »Es gibt nur ein Scheitern: Dasjenige, das unser Wesen bricht.

Abstürze, Krankheiten, Niederlagen aber sind von geheimnisvoller Schönheit. Sie schenken uns ihr Feuer, lassen uns noch leidenschaftlicher werden für das, was in unseren Herzen brennt. Durch sie gewinnen wir an Stärke, jetzt erst recht mit aller und manchmal mit letzter Kraft für uns einzustehen.

Solche Schicksalsprüfungen können ebenfalls das Gegenteil als Geschenk in ihren Händen halten: das Loslassen. Jenen Riss im Leben, der uns mit seinem ganzen Willen beflügelt, uns von einem Weg zu trennen. Das ist der Triumph des wahren Neubeginns. Dieses Geschenk lag in meinem Absturz«, hörte sie sich weiter zu ihnen sprechen. »In diesem Moment wurde mein Leben und sein Werden neu geboren.

Wir sind nicht gefangen in einer Wirklichkeit, wir sind unsere Möglichkeiten und können aus Asche neu entstehen. Die Phönixe wissen das. Ihre Federn, rotgoldene Schlüssel, öffnen die Tore zum inneren Geheimnis, zur inneren Welt.

Genau hier liegt der Anfang von allem!«

Kobi schloss ihre Rede, die sie in Gedanken gehalten hatte, und eine unbesiegbare Stärke erstrahlte aus ihr. Sie hatte die geheime Tür von der gewöhnlichen Welt in den Zauber des Daseins geöffnet.

Nun begann sogar etwas Vorfreude in ihrem Herzen zu pochen. Sie hatte den Bewohnern des Dorfes so viel zu erzählen, und sie würde Geschenke von unermesslichem Wert mitbringen: neue Welten.

Ein letztes Mal schaute sie in die Bucht. Schließlich ließen ihre Augen sie zärtlich los.

Kobi sammelte sich, machte sich für den Abflug bereit.

Zunächst ließ sie ihre Flügel nur langsam schwingen, bevor sie in das Stakkato ihrer Schnelligkeit übergingen, um sich dann wie ein Crescendo in die Lüfte zu erheben.

Nur wer genau hinschaute, entdeckte, dass Kobis linker Flügel den Takt immer wieder durchbrach. Doch eben dieser war es, der die ganze Schönheit ihres Fluges sichtbar machte. Es war nicht mehr Perfektion, die Feindin der

Freude, die Kobi antrieb, sondern pure Lebenslust, die sich erst durch ihre Unvollkommenheit Bahn brach.

Kobi, die Sternelfe – ihr Flügeltanz malte die Unendlichkeit. Wie von Engelshänden getragen, schwebte sie stehend in der Luft. Sodann schmiegten sich ihre Beine in ihr Bauchgefieder, und langsam ließ sich Kobi nach vorn in den Horizont sinken – und dann …

dann schoss sie los, mitten in die überfließende Abendröte hinein.

Vollkommen entfesselt preschte sie davon, wie ein Pfeil, der von einem himmlischen Bogen gespannt und in die Freiheit geweht worden war.

Wieder lauschte sie dem Rauschen der Geschwindigkeit, das sie umarmte und liebkoste. Ihr Flug war vollblütig – und doch von mildester Harmonie erfüllt.

Sie gab sich ganz dem Leben hin. Und so geschah es, dass Kobi in die allmähliche Verlangsamung, in den schwerelosen Segelflug hinüberglitt – und sich tragen ließ von den Winden dieser Welt und dem Rhythmus der Ruhe. Sie räkelte sich in den Lüften und lächelnd flog sie in das unergründliche Geheimnis ihrer Liebe zum Leben.

Leicht. Leicht.

Federleicht.

Mögen alle Wesen in Leichtigkeit leben.

DANKE

Es ist einer Frau zu verdanken, dass Sie liebe Leserin, lieber Leser, dieses Buch in Ihren Händen halten: Cornelia Linder.

Im Laufe unseres Lebens werden wir von Ideen geküsst, aber wir brauchen Menschen, die an sie glauben – gerade dann, wenn wir es vielleicht selbst nicht tun – und die dabei helfen, dass sich Ideenküsse verwirklichen. Cornelia Linder ist eine magische Frau mit feinstem Spürsinn für die Figuren, für das Geheimnis zwischen den Zeilen und das Wesen einer Geschichte. Mit ihrer außergewöhnlichen Sensibilität und Kompetenz für Sprache führt sie stilsicher und behutsam durch die Geburt und das Leben eines Buches. Sie ist die lebendige Verkörperung für: Bücher. Aus Liebe.

Und für mich noch mehr: Mein Sommerregen warm. Danke!

Achtsamkeit ist eng verknüpft mit der Sphäre der Ästhetik, »Aisthesis«, der sinnlichen Wahrnehmung und Erkenntnis. Die Grafik-Künstlerin Marion Wotruba eröffnet mit ihren digitalen Kompositionen einen meditativen Raum und lässt Traum und Wirklichkeit miteinander verschmelzen. Marions »Digital Art with heart« strahlt Stille aus und doch hört man ihren geheimnisvollen Klang.

Sabine E. Rasch – Feinsinnige Lektorin, die einen Blick auf Geschichten wirft, weit wie ein Horizont und gleichzeitig auf jedes Detail fokussiert – was für eine wunderschöne Alchemie!

Meiner Mutter, von der der Satz sein könnte: Hinfallen gibt's nicht. Aufstehen, Krone richten – dein Optimismus ist eine Gabe. Meinem Vater, der mir als Kind sagte, ich sei wie ein Kolibri und müsse lernen, mehr wie eine Schildkröte zu sein, denn: Schildkröten leben länger. Leider ist er selbst viel zu jung verstorben. Und als ich mich in schwerer Krankheitsphase befand, erinnerte ich mich an seine Worte. Das war der Moment, als diese Geschichte entstand. Dem Vater meines Sohnes für unsere verbundene Freundschaft. Meinem Doktorvater, der mir bis heute neue Welten zeigt und mich mit seinem Wissensschatz, seiner Empathie und Bescheidenheit immer wieder neu berührt. Ihm habe ich es zu verdanken, Autorinnen wie Jean Houston entdeckt zu haben (die ich in meiner Disputation aus Gründen höchster Aufregung mit Whitney Houston verwechselte, glücklicherweise seinen Blick deuten und mich korrigieren konnte). Jean Houston. Von ihr habe ich die Idee der Farm der Formen übernommen. Der Geist weiterer geliebter Bücher und ihrer Autor:innen hat auch Kobi und Kalea inspiriert. Um nur einige zu nennen: James Baraz, Tara Brach, David Hawkins, Jon Kabat-Zinn, Kristin Neff, Sharon Salzberg und viele mehr, die ich im Laufe meines Lebens lesen durfte.

Meiner Familie. Meinem Ehemann, meinem Sohn, unserem Kater. Ihr seid mein Herz, mein Zuhause, egal, wo ich bin auf dieser Welt.

STECKBRIEF KOBI

Stellula calliope

Die Sternelfe gehört zu der Familie der Kolibris, und sie zählt zu den kleinsten Vögeln unserer Erde.

Sie wiegt kaum mehr als 2,5 Gramm, und dennoch ist ihr Mut vorbildlich. Der Zwergvogel taucht aus dem Nichts auf und verteidigt Eindringlinge, die weit größer sind als er selbst. Dennoch ist diese Winzigkeit friedvoll, denn meist schrecken Sternelfen mit ihren Scheinangriffen nur ab, anstelle ernst zu machen. Die Sternelfe lebt in Nordamerika, nördlich von Mexiko. Entlang an kühlen Gebirgsbächen und auf Bergwiesen und Lichtungen im Bergwald kann man sie, wenn man Glück hat, erblicken. Der wissenschaftliche Name für die Gattung steht für Sternchen, der Artname deutet auf eine griechische Muse.[1]

Kobi zeigt, dass körperliche Größe nichts damit zu tun hat, über welchen Mut und innere Größe ein Wesen verfügen kann.

Kobi und die Sternelfen sind klein, aber oho!

[1] *Quelle: Reichholf, Josef H. (Hrsg.) (1990): Kolibris - Fliegende Diamanten, Erlangen, Karl Müller Verlag*

STECKBRIEF KALEA

Testudo terramarina fabulosa

Schildkröten – sie bewohnen unsere Erde seit mehr als 220 Millionen Jahren – was mögen die Augen ihrer Ahnen bereits gesehen, was mögen die Seelen Tausender ihrer Generationen erlebt haben?

Schildkröten, diese geheimnisvollen Geschöpfe, die in vielen Mythen und Märchen Bedeutungsvolles verkörpern. Ja – und normalerweise sind sie Land- oder Wasserschildkröten. Kalea aber hat solche Trennungen längst überwunden. Sie gehört in die Welt des Märchenhaften und verfügt über magische Kräfte, die ihr die Fähigkeit verleihen, zwischen allen Welten zu leben.

Dennoch war es nicht nur für Kobi eine große Überraschung, dass Kalea schwimmen kann, sondern auch für mich. So scheint es an der Zeit zu sein, eine neue Schildkröten-Art einzuführen.

Kalea verkörpert die Weite einer großen Seele. Auch ihr Panzer ist nur eine scheinbare Einschränkung, denn unter dieser geheimnisumwitterten Oberfläche lebt ein Himmel der Unendlichkeit. Kalea ist der lebendige Beweis dafür, dass wir im Inneren größer sind als jede Begrenzung, als die Welt der Materie jemals sein könnte.

Foto: Ayse Akdamar

STECKBRIEF CARINA

Carina Johanson, geboren 1970, ist promovierte Geisteswissenschaftlerin und arbeitete über zwanzig Jahre in einem Global-Player Unternehmen, spezialisiert auf Achtsamkeit und Gesundheit. Heute begleitet sie Menschen in schwierigen Lebensphasen mit der Kraft der Achtsamkeit. Für Carina verfügt jede Person über innere Schätze, die von den Stürmen des Lebens unangetastet bleiben. Wenn wir wie Entdecker:innen diesen verborgenen Reichtum erkunden, kann sich unsere alltägliche Existenz in magische Momente verwandeln – auch inmitten schwieriger Zeiten. Sie weiß, wovon sie spricht. Seit ihrer frühen Kindheit ist sie selbst von einer Erkrankung betroffen.

Carina lebt mit ihrer Familie in Niedersachsen. Johanson ist ihr Künstlername. Der Küchentisch ist ein Lieblingsort für sie, an dem Geschichten entstehen und leibliche Genüsse geteilt werden. Ihre zeitlose Zeit genießt sie gemeinsam mit Kater Eli auf dem Lesesessel – ihrem fliegenden Teppich in alle Welten.

Wenn Sie das nächste Buch von Carina Johanson nicht verpassen wollen, dann gehen Sie bitte auf unsere Webseite (www.sheema-verlag.de) und melden sich dort für den Newsletter an. Sie erhalten dann regelmäßig die neuesten Informationen.

... psssst:

Kalle freut sich schon auf Sie ...

Besuchen Sie unsere Homepage,
dort finden Sie weitere Bücher, Hörbücher und CDs.
Wir freuen uns auf Sie!

www.sheema-verlag.de

KONTAKT

Sheema Medien Verlag
Bücher. Aus Liebe.

Hirnsbergerstr. 52
D – 83093 Antwort

Tel.: +49(0)8053 – 7992952

E-Mail: info@sheema.de
https://www.sheema-verlag.de

SHEEMA

MÖGEN ALLE WESEN GLÜCKLICH SEIN